DOCTRINE SOCIALE.

PARIS. — IMPRIMERIE DE CASIMIR,
Rue de la Vieille-Monnaie, n. 12.

DOCTRINE SOCIALE,

TEXTUELLEMENT FORMÉE

DES DÉCLARATIONS DE DROITS

FRANÇAISES ET AMÉRICAINES.

On croit voir, en les lisant,
la France et l'Amérique écrivant pour l'univers les droits
des sociétés humaines.

AVANT-PROPOS.

PAR C.-J.-B. BONNIN.

Quatrième édition.

PRIX : 60 CENTIMES.

A PARIS,

CHEZ L'AUTEUR, RUE DE LA HARPE, Nº 50.
PAULIN, LIBRAIRE, PLACE DE LA BOURSE.

1833.

DISCOURS.

Dernier travail d'un écrivain témoin, dès sa
jeunesse, des grands événemens qui s'étaient passés, et qui, resté à la liberté depuis la perte de
la république par le Consulat, avait observé dans
les oscillations du mouvement social la direction
nouvelle de l'intelligence par la plus étonnante,
la plus profonde et la plus étendue des révolutions
connues, la *Doctrine sociale* fut, en 1820, le
complément du jugement que je portai dès son
origine sur la nature de la période mémorable
qui naissait, l'incontestabilité de n'établir désor-
mais les études en politique et en morale que sur
les principes sociaux naturels, de même qu'en
sciences physiques sur des méthodes analyti-
ques, et d'après l'esprit philosophique de notre
ère révolutionnaire ; également, de ne commencer plus la connaissance de l'histoire que de l'é-
poque de la révolution française, qui était, est et

restera la rénovation universelle de l'entendement humain et des peuples (1).

Le législateur en France et en Amérique ayant pris dans la nature humaine les universelles vérités sociales qu'il enseignait pour l'instruction des sociétés dans ses déclarations de droits, je pus, dans cet esprit, réaliser ma propre pensée d'après ce vœu : « Léguons aux peuples contemporains « et futurs un symbole de politique puisé dans « les archives de la nature : il y est, il s'agit de le « transcrire (2). » Donner en une seule série de principes et présenter dans un ordre méthodique de législation politique les mêmes vérités exprimées

---

(1) Dans cette préoccupation, devenue conviction pour moi, j'avais ainsi antérieurement employé la philosophie politique naturelle à mon *Examen des causes de la société*, donné la physiologie humaine pour élément à la politique dans mon *Traité du droit naturel*, fondé la la science administrative sur les lois physiologiques de la communauté dans mes *Principes d'administration*, et, dans mes *Époques naturelles de la chronologie*, établi les divisions caractéristiques de l'histoire d'après les événemens qui changèrent la face du monde dès les temps les plus anciens connus.

(2) Grégoire, lors de sa belle *déclaration des droits des nations*, en l'an III. *Voyez* L'INSTRUCTION PRÉLIMINAIRE.

dans plus de trente déclarations se répétant par
le fond des idées, et même nécessairement dans
leurs formules le plus souvent semblables d'expression; n'en rien omettre, et cependant les
fondre en un exposé unique, commun à toutes;
choisir pour énoncé des principes élémentaires
celles de ces vérités qui, par la précision d'évi-
dence dans la pensée et de concision dans l'expression, pouvaient être présentées comme des
aphorismes, et y adjoindre comme *corollaires*
celles qui n'en étaient que les développemens;
en un mot, recueillir et résumer en un petit volume ces déclarations et tout ce que les constitutions nationales françaises contenaient également
de principes fondamentaux en politique et en législation, propres ainsi à l'instruction de tous les
temps et de toutes les contrées, fut le problême
que je m'étais proposé dans ce dernier travail (1),
et dont la *Doctrine sociale* fut ainsi la solution.

Si j'avais su un écrit qui enseignât mieux les
droits et les devoirs d'un chacun, un mode d'ins-

____

(1) Réimprimé en 1821. Lorsqu'il le fut de nouveau en
1831, j'y inscrivis le nom de *Carnot*, qui avait servi et
illustré la grande époque que la *Doctrine sociale* rap-
pelait : c'était pour moi un regret de l'amitié et un tribut
de citoyen à sa patriotique mémoire.

-truction qui donnât de la politique un savoir plus exact, et dont la forme fût mieux appropriée à toutes les intelligences et à tous les âges que cette *Doctrine Sociale*, j'aurais tenté d'autant plus volontiers de le faire, que ce travail eût été dans l'ordre habituel de mes études, et que j'ai désiré ardemment toute ma vie voir la connaissance politique devenir commune et usuelle, puisqu'elle est indispensable à la dignité humaine, et à la conduite en communauté. Ayant pu l'exécuter favorablement à ces conditions, en prenant dans les déclarations de droits françaises et américaines les vérités sociales que les législateurs de deux grands peuples y ont enseignées aux hommes de tous les pays, et en coordonnant dans un ordre méthodique les principes universels de raison que ces vérités expriment, je le fis, afin qu'un chacun, à qui cette instruction est nécessaire, pût y prendre connaissance de ses droits et de ses devoirs. Je ne tiendrais pas présentement, plus qu'en 1820, ce langage, si la *Doctrine Sociale*, dans son *instruction préliminaire*, ses *aphorismes* et leurs *corollaires*, était de moi autrement que par la forme, l'ordonnance, les divisions, les titres, et l'intitulé caractéristique que je lui avais donnés. C'est donc parce que cette instruction et ces aphorismes sont l'énoncé de vérités sociales indispensables à savoir, et parce que quelques-unes de ces vérités avaient été l'expression de la sagesse des temps, que j'en recommande de nouveau l'étude à toute personne, quels que soient son sexe, sa condition ou sa profession, à la jeunesse que j'avais alors eu spécialement en vue, et présentement aussi aux associations patriotiques, consacrant à chacun cette publication *populaire* (1).

Comme les principes que les aphorismes enseignent ne sont que l'expression du bon sens, il est indispensable pour chacun de savoir ce qu'il exige d'un chacun, afin de se conduire d'après le sentiment de la dignité humaine, d'en avoir la conscience, et de là respecter dans ses semblables. C'est ce sentiment et cette conscience qui font le fondement moral et pratique de l'esprit d'égalité et de liberté, sans qui ces deux conditions de notre nature ne sont pas, car la liberté et l'égalité n'existent pour l'homme qu'autant qu'il a la cons-

---

(1) Lorsque j'eus l'idée de faire la *Doctrine sociale*, je la conçus naturellement dans un but populaire, c'est-à-dire de l'exécuter d'après les deux données, intellectuelle et pécuniaire, nécessaires pour être à portée d'un chacun. En réalisant aujourd'hui la dernière donnée, qui lui avait jusqu'ici manqué contre ma volonté, je ne fais donc que satisfaire à mon but primitif.

cience de sa dignité : autrement, réduites à la
condition matérielle de l'organisme humain, la
liberté et l'égalité ne sont en lui que deux faits
physiques, dont il ne résulte aucun effet moral,
de même qu'un membre paralysé ne produit aucune action volontaire. Quels que soient même les
deux modes d'existence sociale, unitaire ou fédéra-
tive, qui ressortent d'ailleurs du fait de la réunion
des hommes en communauté par la sociabilité naturelle à l'homme, on doit savoir raisonner ses
droits et ses devoirs : voilà seulement ce qui fait
l'homme dans l'entière condition et toute la plénitude de son existence.

C'est à cette condition que la génération mo-
derne sera utile à la patrie, et qu'elle méritera
des générations futures chez toutes les races dans
la postérité. C'est à cette condition qu'elle accom-
plira la destinée des temps par la république, dans
la tendance et la phase nouvelle de l'esprit humain ; la république, solution, cessation et terme
du mouvement révolutionnaire imprimé à l'Europe et au monde, par la révolution française ré-
génératrice des sociétés humaines. C'est alors seulement que les hommes jouiront de leurs droits
naturels dans l'entière condition et toute la plénitude de l'état social ; que toutes les vérités politiques étant reconnues, on ne s'occupera que de

leur usage; que l'histoire ne sera plus que le récit uniforme de l'existence silencieuse des peuples, que signaleront seulement les travaux bienfaisans de l'intelligence.

Présentement donc que chacun éprouve plus que jamais le besoin de s'occuper des affaires publiques, l'étude des véritables principes de la politique, principes trop méconnus encore, est devenue indispensable. Trop généralement encore ceux qui parlent d'établissement social, de législation et de gouvernement, n'ont pas d'idées exactes des vérités premières, nécessaires cependant à connaître pour raisonner avec fondement sur ces importantes matières, ou pour comprendre toute l'étendue des droits de l'homme et du citoyen. Les vérités primitives qui sont le fondement de la philosophie politique, se trouvent dans la *Doctrine sociale*, et elle enseigne ainsi ces principes éternels qui forment la base de tout bon établissement social, de toute bonne législation, de tout bon gouvernement, principes qui sont seuls vrais et impérissables, parce qu'ils émanent de la nature même de l'homme, qui est en Europe ce qu'il est en Amérique, ce qu'il est en Asie et en Afrique. C'est en vain que dans toutes les contrées la royauté cherche à obscurcir par ses dogmes dynastiques l'éclat des vérités primordiales qui doivent guider

les peuples vers la liberté : ces vérités finiront par
éclairer le monde ; les peuples, pénétrés de leurs
droits, sauront déjouer le machiavélisme des rois
et de leurs diplomates. Parqués depuis trop long-
temps par les rois, comme des troupeaux, pour servir
aux caprices, à la cupidité ou à l'ambition du petit
nombre de leurs privilégiés, comme eux insolens
spoliateurs de leurs droits, les peuples revendique-
ront leur place dans l'ordre politique, qu'ont enva-
hie l'astuce ou la violence de leurs prétendus maîtres. Les événemens politiques, depuis 1789, n'ont
été que des protestations plus ou moins énergiques
contre les usurpations de la royauté, sur lesquelles
les révolutions d'Amérique et de France ont lancé
leur manifeste dans la déclaration des droits de
l'homme. Les droits des peuples, au contraire,
sont imprescriptibles : il suffit de les énoncer pour
en faire apprécier les élémens et l'étendue ; et les
aphorismes qui les expriment dans la *Doctrine
sociale* sont clairs, simples, évidens comme la
vérité dont ils sont la manifestation fidèle. Ils sont
la constitution des peuples libres, et leur réunion
forme la constitution la plus complète, la plus
méthodique, la plus simple et la plus évidente de
principes naturels, sociaux et politiques.

Déjà j'avais dit dans mon *avant-propos*, en 1820 :
« Plus on avancera en science politique et en mo-

« rale, plus on trouvera que les principes de l'une
« et de l'autre peuvent être contenus en un très-
« petit volume. Alors que cela sera, les hommes
« brûleront les livres qui en auront antérieure-
« ment traité, et cette expiation au bon sens sera
« un service signalé pour les races futures. En
« effet, quand on ne bâtira la politique et la mo-
« rale, ainsi qu'on n'établit les sciences physiques,
« que sur les faits naturels, la perfectibilité hu-
« maine aura atteint sa limite, car la vérité sera
« la seule règle des actions humaines, et l'intelli-
« gence marchera avec la nature.

« Il en est de la liberté comme de la vérité.
« L'homme, quand il aperçoit celle-ci, s'en écarte
« d'abord par son imagination : de là les systèmes
« hypothétiques. Ce n'est que lorsque l'esprit,
« plus constant et plus prudent dans ses recher-
« ches, la découvre en entier, qu'elle existe pour
« les autres : alors l'esprit ne peut plus retourner
« en arrière. Il en sera de même de la liberté pour
« les peuples, lorsqu'ils se dégageront des systè-
« mes politiques qui les garrottent, et ne sui-
« vront plus que les principes naturels de la com-
« munauté. Alors aussi il ne pourra plus y avoir
« de haut et de bas pour la liberté, et la liberté
« sera stable, comme l'est toute vérité reconnue.
« Ce qui fait que la liberté règnera à son tour,

« c'est que l'instruction se répand et les opinions
« anciennes sont usées.

« Ce fut la jeunesse en 1789, c'est-à-dire les
« hommes de vingt à trente-cinq ans qui firent la
« révolution, parce que cet âge de la vie humaine
« est celui des impressions et des volontés géné-
« reuses, des idées de liberté si naturelles à
« l'homme, et parce que l'homme sent aussi en
« lui à cette période de son existence ce feu, cette
« énergie, cette audace qui le portent à agir,
« lui font braver le danger et se plaire à triom-
« pher des obstacles, toutes conditions nécessai-
« res pour l'action. Mais quels que furent les évé-
« nemens qui ont jusqu'ici retardé l'accomplisse-
« ment de cette grande œuvre populaire, comme
« il était dans les lois naturelles qui régissent les
« choses politiques qu'elle ne pouvait se finir par
« la génération qui l'avait vue commencer, parce
« que le monde politique, ainsi que le monde
« physique, a son ordre nécessaire de progression
« pour parvenir à terme, c'est à la génération née
« dans la révolution, qui en a subi l'influence
« inévitable, et qui est par les limites mêmes de
« son âge dans cette heureuse condition propre à
« la finir, à accomplir l'œuvre révolutionnaire que
« ses pères avaient commencée. »

Si, lors de sa publication en 1820, ce petit livre

eut du retentissement, si j'eus la satisfaction de le voir reproduit en espagnol et que les cortès de Portugal en ordonnèrent la traduction, à cette époque où l'Espagne et le Portugal entraient dans la voie révolutionnaire ; d'apprendre que les pays espagno-américains s'en emparaient comme d'une instruction nécessaire à leurs nouvelles destinées, que ne dois-je pas attendre de la jeunesse et du peuple dans tous les pays, aujourd'hui que les grandes journées de la révolution de 1830 ont simultanément appelé toutes les nations à la liberté, conséquemment à l'instruction qui l'établit et la protège ?

J'avais ajouté à la publication des hautes vérités politiques enseignées par des législateurs citoyens dans des déclarations de droits, tables de la loi des peuples, des *réflexions morales* (1), non parce qu'elles étaient mon propre jugement sur les points moraux qu'elles expriment, mais bien parce que la *Doctrine Sociale* que j'avais composée de ces vérités politiques était tout à la fois une *instruction politique et morale*. « La morale, par « pensées, a plus d'énergie, » a dit Sénèque ; « des « maximes éparses et sans suite font plus d'effet

____

(1) Comme annotations particulièrement au § 11, qui traite des *Droits* et des *Devoirs*.

« sur le cœur, » a dit Bacon ; « les pensées morales
« sont des clous d'airain qui s'enfoncent dans l'âme
« et qu'on n'en arrache point, » a dit Diderot.
C'est là, en effet, le fruit que l'on peut retirer de
ces livres où la morale est enseignée en pensées
détachées, parce que la méditation y est éveillée
par l'impression que reçoit l'esprit. Les aphorismes qui composent la *Doctrine Sociale* sont eux-
mêmes autant de pensées sans autre lien que le
droit naturel de l'homme, fait collectif dont ces
aphorismes sont les aspects des points divers sous
lesquels ce droit se présente à l'esprit pour son exposition. Quoique provenant donc de l'habitude de
me rendre compte de mes impressions intellectuelles au fur et à mesure que mon cerveau les réfléchissait, et quoiqu'elles soient telles que je les avais
antérieurement écrites, sans suite et dans leur né-
gligé, et non dans l'intention d'en composer un de
ces ouvrages où chacune des pensées n'est que pour
mettre en tout son jour une idée unique et la présenter sous toutes ses faces, comme a fait La Roche-
foucauld dans son livre des *Maximes*, cependant,
également que les aphorismes ressortent d'un fait
unique, le droit naturel, mes réflexions morales
ressortent d'une seule pensée, l'amour du bien et
de l'honnête dans la direction de la vie. Sous ce
rapport, je les avais données comme des conseils

pour l'instruction morale domestique, conseils inséparables d'ailleurs de la politique, qui est la morale sociale.

C'est parce que la morale provient de notre organisme, et en est un produit, qu'elle a un rapport intime avec nos penchans et nos passions, et elle est, volontairement ou involontairement, la directrice dans nos actions instinctives et dans nos jugemens intellectuels, pour chacun des actes que nous faisons dans notre intérêt individuel de conservation ou de relation. C'est une puissance qui nous détermine, à notre insu même, parce que cette puissance n'est qu'une de ces lois physiologiques de notre espèce, que nous pouvons bien ignorer quand on s'ignore soi-même, méconnaître quand on n'écoute que l'appétit animal, mais non faire qu'elle ne soit pas : l'instinct de conservation et de relation nous y rappelle sans cesse, la raison en fait une règle de conduite. Mais comme ici, ainsi que dans l'ordre des choses purement physiques, tout n'est qu'une dépendance de propriétés et de lois, conséquemment des phénomènes qui en résultent, la morale n'est que la sociabilité, considérée sous le rapport individuel de relation à la communauté, comme la politique est la sociabilité sous le rapport commun de relation dans la communauté. Voilà pourquoi elle est inséparable de la politique, tout à la fois comme base de direction et comme un de ses effets, et comment la politique et la morale réagissent l'une sur l'autre. De là résulte, dans l'histoire de tous les temps, que ce qu'on nomme mœurs n'a été que l'expression de la politique; et comment, quoique considérées comme actes domestiques, elles y furent parfois meilleures que les lois et les gouvernemens.

Les évènemens de notre révolution, si profonde dans les changemens sociaux et politiques, si étendue à toutes les choses humaines, en donnant, depuis quarante-quatre ans, à nos idées, une direction grave, la fusion commune dans l'intérêt sympathique de chacun à la chose publique, ont opéré, à cet égard, un grand changement dans nos mœurs, qui se sont améliorées de l'intensité même de l'esprit de notre révolution sur l'opinion générale, et cette amélioration a été, malgré les déviations du grand principe révolutionnaire que nous subissons dès le Consulat. Voilà pourquoi les mœurs se sont perfectionnées, pourquoi la moralité a gagné dans les actions de la vie domestique, quand l'égoïsme, la vénalité, la corruption, poisons monarchiques, ont perverti la morale dans les actions de la vie publique; pourquoi enfin les mœurs sont plus conformes que dans les temps anciens, à la nature de l'espèce et à la dignité humaine; quand, au contraire, depuis le Consulat, les lois et les gouvernemens ont successivement dégénéré, et les lois et le gouvernement qui ont remplacé la révolution de 1830, sont devenus le dernier degré où cette dégénération pouvait atteindre, conséquemment le terme des mauvaises lois et du mauvais gouvernement.

L'opposition donc entre la moralité des citoyens et la perversité des lois et du gouvernement, est un fait que l'histoire signalera comme deux tendances où devaient conduire nécessairement, d'un côté, l'action morale de l'esprit de la révolution, et de l'autre côté l'égoïsme des passions politiques. C'est ainsi que, tout en gagnant sous le rapport de la conduite domestique, les mœurs se sont imprégnées d'une teinte de personnalité politique.

Voilà pourquoi, après avoir navigué en pleine mer et cinglé à pleines voiles, nous ne faisons plus maintenant qu'aller à la remorque sur nos propres côtes : l'égoïsme a pris le gouvernail. Lorsque l'avidité de s'enrichir se change en esprit dominant, le peuple, malgré ses vertus, marche nécessairement à la servitude, symptôme de décadence, parce que cette maladie sociale est la plus funeste; d'aiguë elle devient chronique, et elle se termine par la gangrène de l'égoïsme.

Le mal que je dénonce a sa racine dans les premiers temps de notre révolution. Ce mal, qui n'a toujours fait que s'accroître, et qui est encore aujourd'hui, chez beaucoup, dans toute l'intensité de sa violence, nous vient du gouvernement mi-monarchique du Directoire ; mais le germe en fut dans l'établissement des assignats, effet de l'embarras antérieur dans les revenus et du désordre dans la fortune publique, et conséquemment des évènemens que cet embarras et ce désordre avaient fait naître. Il fallut remédier à un mal présent, et l'inconvénient d'un papier-monnaie ne fut pas dans la difficulté du remboursement, mais dans la cupidité qu'il développa et favorisa, dans l'avidité de richesse qu'il donna, laquelle conduit à l'égoïsme, et qui mène à l'atteinte à la probité par le manque à la bonne foi dans les transactions. Comme la matière dont est fait un papier-monnaie est fragile et ne donne pas l'idée de durée comme un métal, et comme on peut plus facilement le multiplier, un papier-monnaie a essentiellement besoin de la confiance publique pour se maintenir intégralement : la probité est donc nécessaire pour qu'il soit un moyen de ressource dans les revenus publics et les transactions civiles, et c'est alors, au contraire, que la crainte la fait taire, et lui substitue la cupidité. C'est ainsi que

nos assignats, qui sauvèrent la France de son dé-
membrement par l'étranger, et des complots des
factions dans l'intérieur, changèrent les fortunes,
et firent du désir de s'enrichir promptement le
premier des besoins et la passion dominante, disposition que l'ébranlement et l'incertitude alimen-
tèrent, aussi bien que l'esprit d'égalité qui s'établit aux dépens de castes et de distinctions sociales abolies. C'est ainsi que nos assignats, qui
servirent à soutenir les premières guerres que
l'Europe, coalisée contre notre indépendance
et notre révolution, nous fit à l'instigation de
l'Angleterre, ont d'abord facilité nos victoires et
notre agrandissement territorial, mais aussi porté
la cupidité dans les esprits. Leur mal ne fut donc
pas d'avoir nui momentanément à l'agriculture,
à l'industrie et au commerce, quand la peur ta-
rissait ces sources de la prospérité nationale ; mais
d'avoir porté un coup funeste à la morale publique, coup dont les conséquences ont survécu
jusqu'aujourd'hui au mal même. La facilité de
s'enrichir promptement sans travail et sans économie, a fait que chacun a voulu devenir riche ra-
pidement pour ses commodités et n'avoir point
de supérieur, et que beaucoup négligèrent les
travaux utiles et honnêtes pour les moyens moins
sûrs mais plus séduisans des spéculations hasar-

deuses de l'agiotage. Dès-lors disparurent la délicatesse dans les affaires privées, la bonne foi et le
scrupule de l'honneur dans les transactions com-
merciales, et l'ordre, la modération et l'économie, seules choses regrettables de l'ancien temps.
On se joua de la bonne foi due aux contrats; la
probité et la prudence ne furent plus qu'un préjugé, et la modération dans les désirs qu'un ridicule. Les gouvernans directeurs rendirent rapide
cette pente des esprits, par leurs lois fiscales sur
les matières d'économie publique; le Consulat et
l'Empire, avec leurs formes monarchiques, ainsi
que le développement prodigieux de l'industrie,
maintinrent cette direction, qui entra, dès-lors,
dans les mœurs publiques nouvelles, et à laquelle
le retour des Bourbons n'a fait que donner le
caractère plus prononcé d'égoïsme, parce qu'ils
parvinrent à leur ajouter, avec toutes les passions
basses de la servitude, toutes les habitudes du
servilisme, parmi lesquelles la distinction aris-
tocratique de naissance, et aujourd'hui celle pré-
valante de richesses, tiennent la première place;
secondairement la cupidité d'emplois publics, qui
mène également à cette fausse considération que
donnent exclusivement les richesses et l'oisiveté,
considération usurpée au détriment des qualités et
des vertus. Ce que les anciens faisaient d'admirable

par la morale et la philosophie, nous voulons le faire par l'industrie et le commerce, et il en résulte un mal, parce que nous voulons appliquer à un ordre de choses ce qui n'en étant pas la cause naturelle, ne peut produire un effet semblable : c'est intervertir les causes. Ces vérités sont affligeantes à rappeler, mais elles sont des faits historiques et un avertissement de notre histoire nationale pour la jeunesse.

Que faut-il pour être heureux? Consultons notre nature et ce qu'elle exige pour satisfaire à l'existence physique et morale, en qui est réellement la possibilité de la réalisation de l'idée de ce que nous pouvons nommer bonheur. Chacun de nous est organisé pour pouvoir veiller soi-même à sa propre conservation, et comme c'est une loi nécessaire de l'existence, l'instinct en naît avec nous ainsi qu'en l'animal ; mais plus perfectionnés que celui-ci dans nos organes intellectuels, nous joignons à cet instinct la volonté non moins pressante d'être ce que nous nommons heureux. Ici commence la série si variée des désirs qui excitent nos passions quand ils n'en naissent pas, et qui, d'un besoin naturel que pouvait satisfaire l'instinct étendu par la raison, nous maîtrisent par ces illusions dont nous aimons tant à nous flatter, sans examiner nos moyens ni en calculer la possibilité.

Qu'est-ce que le bonheur, en effet ? Une situation en elle-même relative, car il est moins en réalité dans les choses que dans la manière de les envisager par rapport à nous : il est plutôt négatif qu'absolu. Si on se demande donc combien il faut pour vivre et pour satisfaire à des goûts qui tiennent véritablement aux jouissances de la vie sociale, pour peu qu'on mette de la bonne volonté dans la solution de la question, on trouve nécessairement, et toujours pour résultat, qu'une nourriture saine et sobre, des vêtemens d'une étoffe bonne et propre à l'usage qu'on en fait, une habitation restreinte au nécessaire, et meublée de choses seulement utiles, des goûts bornés, même dans les produits de l'intelligence et des arts, une épouse, l'éducation de ses enfans, une société limitée à quelques amis, peuvent être satisfaits avec le revenu nécessairement indispensable pour soi et sa famille, et que ce revenu est naturellement relatif à la localité et à l'époque, c'est-à-dire en raison du lieu où on habite et du prix actuel des choses ; car le principe est invariable, et les circonstances seules en déterminent l'application. Conséquemment, on trouve aussi pour solution que les besoins factices qui naissent de la vanité, ce Prothée corrupteur universel des actions humaines, et qui porte à l'égoïsme, peuvent seuls faire croire que l'on manque avec un revenu propre à satisfaire convenablement à nos besoins naturels et aux goûts qu'ils engendrent. D'où il faut conclure que quiconque a pour sa famille ce revenu nécessaire à l'existence et à une jouissance modeste de la vie, n'a réellement rien à demander à la fortune; et que pour mieux en jouir il doit lui refuser ses dons surabondans. Il n'y a aussi toujours qu'une certaine quantité de numéraire et de produits chez une nation, et relativement à ses besoins; et comme chacun consomme parce que chacun a des besoins indispensables, il est nécessaire à chacun de se procurer de ces produits par du numéraire. Plus la répartition, à cet égard, est en rapport avec la condition de chacun, plus il y a aisance générale : le contraire arrive quand une partie de la nation possède à l'exclusion d'une autre partie ; car la portion de celle qui possède est au détriment de celle qui manque; mais le mal est à son comble quand la plus petite partie possède les parts du plus grand nombre, ce que les mauvaises lois et le despotisme favorisent, et ce que les bonnes lois et la liberté empêchent. J'ajouterai donc ici, comme principe d'économie publique, que quiconque possède au-de là de la portion nécessaire à ses besoins, selon sa position relative dans la communauté, possède au détriment de ceux à qui cette portion manque.

Les hommes me font pitié quand je les vois accorder de la considération aux riches, comme si c'était un mérite de posséder beaucoup; mais j'éprouve de l'indignation quand je réfléchis que le riche ne l'est qu'aux dépens de familles dans le besoin; que plus il est riche plus il possède de parts de ces familles, qu'il exhérède de leur droit commun au partage du bien-être en communauté; mais j'éprouve un sentiment de vengeance quand je pense qu'il jouit sans s'inquiéter même de ceux qu'il a spoliés. Le nécessaire relatif est proprement un préjudice pour ceux qui ne l'ont pas, je dirai même un vol. Il est deux moyens pour remédier à ce mal social (qui est toujours la cause radicale des révolutions), l'un *politique,* c'est-à-dire la tendance législative à rétablir imperturbablement l'égalité possible par les successions, la liberté d'industrie, etc.; l'autre *moral,* c'est-à-dire par la tendance des mœurs et de l'opinion, à ne point considérer la richesse comme titre à la considération, et à faire regarder individuellement le surplus du nécessaire comme un dépôt dont on est toujours comptable, et une dette dont on doit s'acquitter. Il n'y a que l'égoïsme de richesse qui ait pu établir, comme principe de morale, que des dépenses sages et la bienfaisance sont le seul moyen d'établir un équilibre à cet égard. Cette matière est des plus importantes, politiquement et moralement; mais les économistes ne l'ont effleurée qu'imbus des données qu'ils avaient sous les yeux. Il semble aussi qu'une fortune ennemie éloigne l'homme des leçons de l'expérience, sans laquelle il reste accablé du présent.

« L'État doit à tous les citoyens un subsistance « assurée, la nourriture, un vêtement convenable et un genre de vie qui ne soit pas contraire « à sa santé, » dit Montesquieu. Cette proposition, vraie comme obligation de la société envers chacun de ses membres, comme devoir du gouvernement, exprime, en définitive, l'action d'une législation humaine par rapport au droit de chacun au bien être dans la vie sociale; mais il est une considération qui prime ces choses, c'est cet esprit général qui porte un chacun à chercher, en ses propres moyens, ce bien être, et tous à y coopérer envers chacun, en voulant pour les autres ce qu'on veut pour soi-même : car ce n'est que subsidiairement qu'il faut entendre la proposition de Montesquieu.

Quand donc on a le nécessaire, selon sa position sociale, pour satisfaire à ses besoins d'existence,

aux commodités d'une vie modérée et aux jouissances de goûts simples, mettre le bonheur dans
plus ou moins de richesse, c'est chercher de l'or
dans une mine de plomb. Peu de besoins dans les
choses de la vie, donner à ses affections plus de
profondeur que d'étendue, plus à l'observation
et à la méditation qu'à la lecture, ne porter ses
sensations et ses sentimens que sur ce qui est en
son pouvoir, étendre sa pensée seulement dans les
choses de l'intelligence, sont la base du bien être
et le principe de la morale pratique. Avec cette
recette on pourrait trouver le contentement dans
la pauvreté même, et si on vaut quelque chose,
c'est à son usage qu'on le devrait. En un mot, peu
de biens, maxime de morale autant que de bonheur, comme peu de désirs, règle d'hygiène.

J'insiste à cet égard, parce que l'égoïme qui dé-
grade tant l'homme, et qui fait que ceux qu'il dirige sont aux oppresseurs ce que sont les receleurs
aux voleurs, est ce qui a le plus efficacement servi,
et sert encore les menées liberticides des rois
dans leur accord avec les ennemis intérieurs de
notre révolution, et les vœux personnels de ces
Français indignes de ce beau nom, qui ont favorisé,
dans leur orgueilleux et cupide intérêt, l'usurpation de l'autorité publique contre la volonté nationale. C'est par ce détestable et criminel esprit

d'égoïsme, resté notre paralysie sociale, que l'ambition des emplois, des titres, des distinctions, des honneurs et des faveurs du gouvernement, s'est fait un large jour; car cette ambition, comme la cupidité de richesses, a pour même cause l'intérêt personnel avant tout. Aussi plus l'esprit d'égoïsme a été ascendant, plus l'esprit de liberté a été décroissant : cela devait être, puisque le premier se substitue à la chose publique, tandis que le second s'oublie dans l'intérêt de la patrie.

XLVe année de l'Ère révolutionnaire. — 1833.

DIVISION.

Instruction préliminaire.

Reconnaissance et exposition raisonnée des droits de l'homme et du citoyen 1

Principes de toute constitution. 18

Principes d'une déclaration des droits des Nations. 33

Aphorismes.

§ I. Communauté et son but. *Aphor.* 1 à 3 . . . 43

§ II. Droits et devoirs. *Aphor.* 4 à 21 47

§ III. Loi et ses caractères. *Aphor.* 22 à 33 65

§ IV. Souveraineté et ses effets. *Aphor.* 34 à 36 . . 71

§ V. Constitution. *Aphor.* 37 à 42 73

§ VI. Droit de Cité. *Aphor.* 43 à 56 79

§ VII. Législature et ses droits. *Aphor.* 57 à 69 . 90

§ VIII. Magistratures et leurs devoirs. *Aphor.* 70 à 81 105

§ IX. Rapports de peuple à peuple. *Aphor.* 82 à 103 114

Réflexions morales. 125

A

LA MÉMOIRE

DE

CARNOT,

GLOIRE CIVIQUE

DE LA

RÉVOLUTION FRANÇAISE,

RÉNOVATION POLITIQUE ET INTELLECTUELLE

DES PEUPLES

PAR LA DÉMOCRATIE,

PRINCIPE

DE SOUVERAINETÉ, D'ÉGALITÉ ET DE LIBERTÉ,

Qu'il servit

DE SA VERTU ET DE SON GÉNIE;

Mort en exil,

C.-J.-B.-BONNIN,

SON AMI.

DOCTRINE
SOCIALE,

TEXTUELLEMENT FORMÉE DES DÉCLARATIONS
DE DROITS FRANÇAISES ET AMÉRICAINES.

(1820.)

INSTRUCTION PRÉLIMINAIRE.

Reconnaissance et exposition raisonnée des droits de l'homme et du citoyen.

Ses besoins et ses moyens. L'homme est, de sa nature, soumis à des *besoins ;* il possède les *moyens* d'y pourvoir. Il éprouve dans tous les instans le désir du bien-être; mais il a reçu une intelligence, une volonté et une force : l'intelligence pour connaître, la volonté pour prendre une détermination, et la force pour l'exécuter. Ainsi le bien-être est le but de l'homme; ses facultés morales et physiques sont ses *moyens* personnels : avec eux il pourra s'attribuer ou se procurer tous les biens et les moyens extérieurs qui lui sont nécessaires.

Comment il les exerce sur la nature. Placé au milieu de la *nature*, l'homme recueille ses dons : il les choisit, il les multiplie, il les perfectionne par son travail ; en même temps il apprend à éviter, à prévenir ce qui peut lui nuire ; il se protége, pour ainsi dire, contre la nature avec les forces qu'il a reçues d'elle, il ose même la combattre. Son industrie va toujours se perfectionnant, et l'on voit la puissance de l'homme, indéfinie dans ses progrès, asservir de plus en plus à ses besoins toutes les puissances de la *nature*.

Comment il peut les exercer sur ses semblables. Placé au milieu de ses *semblables*, il se sent pressé d'une multitude de nouveaux rapports. Les autres individus se présentent nécessairement, ou comme *moyens*, ou comme *obstacles*. Rien donc ne lui importe plus que ses rapports avec ses semblables. Si les hommes voulaient ne voir en eux que des moyens réciproques de bonheur, ils pourraient occuper en paix la terre, leur commune habitation, et ils marcheraient ensemble avec sécurité à leur but commun. Ce spectacle change, s'ils se regardent comme obstacles les uns aux autres : bientôt il ne leur reste que le choix entre fuir ou combattre sans cesse. L'espèce humaine ne présente plus qu'une grande erreur de la nature.

Deux sortes de relations entre les hommes.
Les relations des hommes entre eux sont donc
de deux sortes : celles qui naissent d'un état
de guerre que la force seule établit ; et celles
qui naissent librement d'une utilité réciproque.

Relations illégitimes. Les relations qui n'ont
d'origine que la force sont mauvaises et illégitimes. Deux hommes, étant également hommes, ont, à un égal degré, tous les droits qui
découlent de la nature humaine.

Égalité des droits. Ainsi tout homme est
propriétaire de sa personne, ou nul ne l'est.
Tout homme a le droit de disposer de ses
moyens, ou nul n'a ce droit. Les moyens individuels sont attachés par la nature aux besoins individuels. Celui qui est chargé des
besoins, doit donc disposer librement des
moyens. Ce n'est pas seulement un droit, c'est
un devoir.

Inégalité des moyens. Il existe, il est vrai,
de grandes inégalités de moyens parmi les
hommes. La nature fait des forts et des faibles ; elle départ aux uns une intelligence
qu'elle refuse aux autres. Il suit qu'il y aura
entre eux inégalité de travail, inégalité de
produit, inégalité de consommation ou de
jouissance ; mais il ne suit pas qu'il puisse y
avoir inégalité de droits. Tous ayant un droit
découlant de la même origine, il suit que
celui qui entreprendrait sur le droit d'un
autre franchirait les bornes de son propre
droit ; il suit que le droit de chacun doit être

respecté par chaque autre, et que ce droit et ce devoir ne peuvent pas ne pas être réciproques. Donc le droit du faible sur le fort est le même que celui du fort sur le faible. Lorsque le fort parvient à opprimer le faible, il produit effet sans produire obligation. Loin d'imposer un devoir nouveau au faible, il ranime en lui le devoir naturel et impérissable de repousser l'oppression. C'est donc une vérité éternelle, et qu'on ne peut trop répéter aux hommes, que l'acte par lequel le fort tient le faible sous son joug, ne peut jamais devenir un droit; et qu'au contraire l'acte par lequel le faible se soustrait au joug du fort, est toujours un droit, que c'est un devoir toujours pressant envers lui-même.

Relations légitimes. Il faut donc s'arrêter aux seules relations qui puissent légitimement lier les hommes entre eux, c'est-à-dire à celles qui naissent d'un engagement réel.

La volonté, principe de tout engagement. Il n'y a point d'engagement, s'il n'est fondé sur la volonté libre des contractans. Donc point d'association légitime, si elle ne s'établit sur un contrat réciproque, volontaire et libre de la part des co-associés. Puisque tout homme est chargé de vouloir pour son bien, il peut vouloir s'engager envers ses semblables, et il le voudra, s'il juge que c'est son avantage. Il a été reconnu plus haut que les hommes peuvent beaucoup pour le bonheur les uns des autres. Donc une société fondée sur l'utilité réciproque est véritablement sur la ligne des moyens naturels qui se présentent à l'homme pour le conduire à son but.

État social, suite du droit naturel. Donc cette union est un avantage, et non un sacrifice, et l'ordre social est comme une suite, comme un complément de l'ordre naturel. Ainsi, lors même que toutes les facultés sensibles de l'homme ne le porteraient pas d'une manière très-réelle et très-forte, quoique non encore éclaircie, à vivre en société, la raison toute seule l'y conduirait.

Objet de l'union sociale. L'objet de l'union sociale est le bonheur des associés. L'homme, avons-nous dit, marche constamment à ce but; et certes, il n'a pas prétendu en changer, lorsqu'il s'est associé avec ses semblables. Donc l'état social ne tend pas à dégrader, à avilir les hommes, mais au contraire à les ennoblir, à les perfectionner. Donc la société n'affaiblit point, ne réduit pas les moyens particuliers que chaque individu apporte à l'association pour son utilité privée; au contraire, elle les agrandit, elle les multiplie par un plus grand développement des facultés morales et physiques; elle les augmente encore par le concours inestimable des travaux et des secours publics: de sorte que, si le citoyen paie ensuite une contribution à la chose publique, ce n'est qu'une sorte de restitution; c'est la plus légère partie du profit et des avantages qu'il en tire. Donc l'état social n'établit pas

une injuste inégalité de droits à côté de l'inégalité naturelle des moyens ; au contraire, il
protége l'égalité des droits contre l'influence
naturelle, mais nuisible, de l'inégalité des
moyens. La loi sociale n'est point faite pour
affaiblir le faible et fortifier le fort ; au contraire, elle s'occupe de mettre le faible à l'abri
des entreprises du fort ; et couvrant de son autorité tutélaire l'universalité des citoyens, elle
garantit à tous la plénitude de leurs droits.

L'état social favorise et augmente la liberté.
Donc l'homme, entrant en société, ne fait pas
le sacrifice d'une partie de sa liberté ; même
hors du lien social, nul n'avait le droit de
nuire à un autre. Ce principe est vrai dans
toutes les positions où l'on voudra supposer
l'espèce humaine : le droit de nuire n'a jamais
pu appartenir à la liberté. Loin de diminuer
la liberté individuelle, l'état social en étend
et en assure l'usage ; il en écarte une foule
d'obstacles et de dangers, auxquels elle était
trop exposée sous la seule garantie d'une
force privée, et il la confie à la garde de la
toute-puissance de l'association entière. Ainsi
puisque, dans l'état social, l'homme croît en
moyens moraux et physiques, et qu'il se soustrait en même temps aux inquiétudes qui en
accompagnaient l'usage, il est vrai de dire que
la liberté est plus pleine et plus entière dans
l'ordre social, qu'elle ne peut l'être dans l'état
qu'on appelle de *nature.* La liberté s'exerce sur
des choses *communes,* et sur des choses *propres.*

Espèces de la propriété. La propriété de sa *personne* est le premier des droits. De ce droit primitif découlent la proprié.é des *actions* et celle du *travail*; car le travail n'est que l'usage utile de ses facultés : il émane évidemment de la propriété de la personne et des actions. La propriété des objets extérieurs, ou la propriété *réelle*, n'est pareillement qu'une suite et comme une extension de la propriété personnelle. L'air que nous respirons, l'eau que nous buvons, le fruit que nous mangeons, se transforment en notre propre substance, par l'effet d'un travail involontaire ou volontaire de notre corps. Par des opérations analogues, quoique plus dépendantes de la volonté, je m'approprie un objet qui n'appartient à personne, et dont j'ai besoin, par un travail qui le modifie, qui le prépare à mon usage. Mon travail était à moi ; il l'est encore : l'objet sur lequel je l'ai fixé, que j'en ai investi, était à moi comme à tout le monde; il était même à moi plus qu'aux autres, puisque j'avais sur lui, de plus que les autres, le droit de premier occupant. Ces conditions me suffisent pour faire de cet objet ma propriété exclusive. L'état social y ajoute encore par la force d'une convention générale, une sorte de consécration légale; et l'on a besoin de supposer ce dernier acte, pour pouvoir donner au mot *propriété* toute l'étendue du sens que nous sommes accoutumés à y attacher dans nos sociétés policées.

Étendue de la liberté. Celui-là est libre, qui a l'assurance de n'être point inquiété dans l'exercice de sa propriété personnelle et dans l'usage de sa propriété réelle. Ainsi tout citoyen a le droit de rester, d'aller, de penser, de parler, d'écrire, d'imprimer, de publier, de travailler, de produire, de garder, de transporter, d'échanger et de consommer, etc.

Ses limites. Les limites de la liberté individuelle ne sont placées qu'au point où elle commencerait à nuire à la liberté d'autrui ; c'est à la loi à reconnaître ces limites et à les marquer. Hors de la loi, tout est libre pour tous : car l'union sociale n'a pas seulement pour objet la liberté d'un ou de plusieurs individus, mais la liberté de tous. Une société dans laquelle un homme serait plus ou moins libre qu'un autre, serait, à coup sûr, fort mal-ordonnée ; elle cesserait d'être libre ; il faudrait la reconstituer.

Rapports des engagemens avec la liberté. Il semble au premier aspect que celui qui contracte un engagement perd une partie de sa liberté. Il est plus exact de dire qu'au moment où il contracte, loin d'être gêné dans sa liberté, il l'exerce ainsi qu'il lui convient ; car tout engagement est un échange où chacun aime mieux ce qu'il reçoit que ce qu'il donne. Tant que dure l'engagement, sans doute il doit en remplir les obligations : la chose engagée n'est plus à lui ; et la liberté, avons-nous dit, ne s'étend jamais jusqu'à nuire à autrui. Lorsqu'un changement de rapports a déplacé les limites dans lesquelles la liberté pouvait s'exercer, la liberté n'en est pas moins entière, si la nouvelle position n'est que le résultat du choix que l'on a fait.

Garantie de la liberté. Vainement déclarerait-on que la liberté est le droit inaliénable de tout citoyen ; vainement la loi prononcerait-elle des peines contre les infracteurs, s'il n'existait, pour maintenir le droit et pour faire exécuter la loi, une force capable de garantir l'un et l'autre. La garantie de la liberté ne sera bonne que quand elle sera suffisante, et elle ne sera suffisante que quand les coups qu'on peut lui porter seront impuissans contre la force destinée à la défendre. Nul droit n'est complètement assuré, s'il n'est protégé par une force relativement irrésistible. La liberté individuelle a, dans une grande société, trois sortes d'ennemis à craindre. Les moins dangereux sont les citoyens malévoles ; pour les réprimer, il suffit d'une autorité ordinaire. Si la justice n'est pas toujours bien faite en ce genre, ce n'est pas faute d'une force coërcitive relativement suffisante ; c'est plutôt parce que la législation est mauvaise et le pouvoir judiciaire mal constitué. La liberté individuelle a beaucoup plus à redouter des entreprises des officiers chargés d'exercer quelqu'une des parties du pouvoir public. De simples mandataires isolés, des corps entiers, le gouvernement lui-même en totalité, peuvent cesser de respecter les droits du citoyen. Une longue expérience prouve que les nations ne se sont pas assez précautionnées contre cette sorte de danger. Quel spectacle que celui d'un mandataire qui tourne contre ses concitoyens les armes ou le pouvoir qu'il a reçus pour les défendre, et qui, criminel envers lui-même, envers la patrie, ose changer en instrument d'oppression les moyens qui lui ont été confiés pour la protection commune! Une bonne constitution de tous les pouvoirs publics est la seule garantie qui puisse préserver les nations et les citoyens de ce malheur extrême. La liberté enfin peut être attaquée par un ennemi étranger : de là le besoin d'une armée. Il est évident qu'elle est étrangère à l'ordre intérieur, qu'elle n'est créée que dans l'ordre des relations extérieures. S'il était possible, en effet, qu'un peuple restât isolé sur la terre, ou s'il devenait impossible aux autres peuples de l'attaquer, n'est-il pas certain qu'il n'aurait nullement besoin d'armée? La paix et la tranquillité intérieures exigent, à la vérité, une force coërcitive, mais d'une nature absolument différente. Or, si l'ordre intérieur, si l'établissement d'une force coërcitive légale peuvent se passer d'armée, il est d'une extrême importance que là où est une armée, l'ordre intérieur en soit tellement indépendant, que jamais il n'y ait aucune espèce de relation entre l'un et l'autre. Il est donc incontestable que le soldat ne doit jamais être employé contre le citoyen, et que l'ordre intérieur de l'état doit être tellement établi, que, dans aucun cas, dans aucune circonstance possible, on n'ait besoin de recourir au militaire, si ce n'est contre l'ennemi étranger.

Autres avantages de l'état social. Les avantages qu'on peut retirer de l'état social ne se bornent pas à la protection efficace et complète de la liberté individuelle ; les citoyens ont droit encore à tous les bienfaits de l'association. Ces bienfaits se multiplieront à mesure que l'ordre social profitera des lumières que le temps, l'expérience et les réflexions répandront dans l'opinion publique. L'art de faire sortir tous les biens possibles de l'état de société est le premier et le plus important des arts. Une association combinée pour le plus grand bien de tous, sera le chef-d'œuvre de l'intelligence et de la vertu. Personne n'ignore que les membres de la société retirent les plus grands avantages des propriétés publiques, des travaux publics. On sait que ceux des citoyens qu'un malheureux sort condamne à l'impuissance de pourvoir à leurs besoins, ont de justes droits aux secours de leurs concitoyens, etc. On sait que rien n'est plus propre à perfectionner, au moral et au physique, qu'un bon système d'éducation et d'instruction publiques. On sait qu'une nation forme avec les autres peuples des relations d'intérêt qui méritent de sa part une surveillance active, etc. Mais ce n'est pas dans la déclaration des droits qu'on doit trouver la liste de tous les biens qu'une bonne constitution peut procurer aux peuples. Il suffit ici de dire que les citoyens en commun ont droit à tout ce que l'État peut faire en leur faveur.

Moyens publics de la société. Les *fins* de la société étant ainsi rappelées, il est clair que les *moyens* publics doivent s'y proportionner, qu'ils doivent s'augmenter avec la fortune et la prospérité nationales.

L'établissement public embrasse tous les pouvoirs. L'ensemble de ces moyens, composé de personnes et de choses, doit s'appeler l'*établissement public*, afin de rappeler davantage son origine et sa destination. L'établissement public est une sorte de corps politique, qui ayant, comme le corps de l'homme, des besoins et des moyens, doit être organisé à peu près de la même manière. Il faut le douer de la faculté de *vouloir* et de celle d'*agir*; le pouvoir législatif représente la première, et le pouvoir exécutif représente la seconde de ces deux facultés. Le *gouvernement* se confond souvent avec l'action ou l'exercice de ces deux pouvoirs; mais ce mot est plus particulièrement consacré à désigner le pouvoir exécutif, ou son action. Rien n'est plus commun que d'entendre dire : On doit gouverner suivant la loi; ce qui prouve que le pouvoir de faire la loi est distinct du gouvernement proprement dit. Le pouvoir actif se subdivise en plusieurs branches. C'est à la *constitution* à suivre cette analyse.

Ce que c'est que la constitution. La constitution embrasse à la fois la formation et l'organisation intérieure des différens pouvoirs publics, leur correspondance nécessaire et leur indépendance réciproque ; enfin, les précautions politiques dont il est sage de les entourer, afin que toujours utiles ils ne puissent jamais se rendre dangereux. Tel est le vrai sens du mot *constitution* ; il est relatif à l'ensemble et à la séparation des pouvoirs publics. Ce n'est point la nation que l'on constitue, c'est son établissement politique. La nation est l'ensemble des associés, tous gouvernés, tous soumis à la loi, ouvrage de leur volonté, tous égaux en droits, et libres dans leur communication, et dans leurs engagemens respectifs. Les gouvernans, au contraire, forment sous ce seul rapport un corps politique de création sociale. Or, tout corps a besoin d'être organisé, limité, etc., et par conséquent d'être constitué. Ainsi, pour le répéter encore une fois, la constitution d'un peuple n'est et ne peut être que la constitution de son gouvernement, et du pouvoir chargé de donner des lois, tant au peuple qu'au gouvernement. Une constitution suppose avant tout un pouvoir constituant. Les pouvoirs compris dans l'établissement public sont tous soumis à des lois, à des règles, à des formes, qu'ils ne sont point les maîtres de changer.

Pouvoir constituant et pouvoirs constitués. Comme ils n'ont pas pu se constituer eux-mêmes, ils ne peuvent pas non plus changer leur constitution; de même ils ne peuvent rien sur la constitution les uns des autres. Le pouvoir constituant peut tout en ce genre; il n'est point soumis d'avance à une constitution donnée. La nation qui exerce alors le plus grand, le plus important de ses pouvoirs, doit être, dans cette fonction, libre de toute contrainte et de toute forme, autre que celle qu'il lui plaît d'adopter. Mais il n'est pas nécessaire que les membres de la société exercent individuellement le pouvoir constituant; ils peuvent donner leur confiance à des représentans qui ne s'assembleront que pour cet objet, sans pouvoir exercer eux-mêmes aucun des pouvoirs constitués. Au surplus, c'est au premier chapitre du projet de constitution qu'il appartient d'éclairer sur les moyens de former et de réformer toutes les parties d'une constitution.

Différence entre les droits civils et les droits politiques. Nous n'avons exposé jusqu'à présent que les *droits naturels et civils* des citoyens; il nous reste à reconnaître les droits *politiques.* La différence entre ces deux sortes de droits consiste en ce que les droits naturels et civils sont ceux *pour* le maintien et le développement desquels la société est formée; et les droits politiques, ceux *par* lesquels la société se forme. Il vaut mieux, pour la clarté du langage, appeler les premiers, droits *passifs,* et les seconds, droits *actifs.*

Citoyens passifs, citoyens actifs. Tous les habitans d'un pays doivent y jouir des droits de citoyen *passif* : tous ont droit à la protection de leur personne, de leur propriété, de leur liberté, etc. ; mais tous n'ont pas droit à prendre une part active dans la formation des pouvoirs publics, tous ne sont pas citoyens *actifs*. Les femmes, du moins dans l'état actuel, les enfans, les étrangers, ceux encore qui ne contribueront en rien à soutenir l'établissement public, ne doivent point influer activement sur la chose publique. Tous peuvent jouir des avantages de la société ; mais ceux-là seuls qui contribuent à l'établissement public, sont comme les vrais actionnaires de la grande entreprise sociale. Eux seuls sont les véritables citoyens actifs, les véritables membres de l'association. L'égalité des droits politiques est un principe fondamental ; elle est sacrée, comme celle des droits civils. De l'inégalité des droits politiques sortiraient bientôt les priviléges. Le privilége est, ou dispense d'une charge commune, ou octroi exclusif d'un bien commun. Tout privilége est donc injuste, odieux et contradictoire au vrai but de la société. La loi étant un instrument commun, ouvrage d'une volonté commune, ne peut avoir pour objet que l'intérêt commun.

Unité de l'intérêt social. Une société ne peut avoir qu'un intérêt général. Il serait impossible d'établir l'ordre, si l'on prétendait marcher à plusieurs intérêts opposés. L'ordre social suppose nécessairement *unité* de but et *concert* de moyens.

L'association, ouvrage de l'unanimité. Une association politique est l'ouvrage de la volonté unanime des associés.

La création des pouvoirs publics, etc., ouvrage de la pluralité. Son établissement public est le résultat de la volonté de la pluralité des associés. On sent bien que l'unanimité étant une chose très-difficile à obtenir dans une collection d'hommes tant soit peu nombreuse, elle devient impossible dans une société de plusieurs millions d'individus. L'union sociale a ses fins : il faut donc prendre les moyens possibles d'y arriver; il faut donc se contenter de la pluralité. Mais il est bon d'observer qu'alors même il y a une sorte d'unanimité médiate ; car ceux qui unanimement ont voulu se réunir pour jouir des avantages de la société, ont voulu unanimement tous les moyens nécessaires pour se procurer ces avantages. Le choix seul des moyens est livré à la pluralité; et tous ceux qui ont leur vœu à prononcer, conviennent d'avance de s'en rapporter toujours à cette pluralité. De là deux rapports sous lesquels la pluralité se substitue, avec raison, aux droits de l'unanimité. La volonté générale est donc formée par la volonté de la pluralité.

Tout pouvoir, toute autorité, viennent du peuple. Tous les pouvoirs publics, sans distinction, sont une émanation de la volonté générale; tous viennent du peuple, c'est-à-dire de la nation. Ces deux termes doivent être synonymes.

Toute fonction publique est, non une propriété, mais une commission. Le mandataire public, quel que soit son poste, n'exerce donc pas un pouvoir qui lui appartienne en propre : c'est le pouvoir de tous; il lui a été seulement confié; il ne pouvait pas être aliéné, car la volonté est inaliénable, les peuples sont inaliénables; le droit de penser, de vouloir et d'agir pour soi est inaliénable : on peut seulement en commettre l'exercice à ceux qui ont notre confiance, et cette confiance a pour caractère essentiel d'être libre. C'est donc une grande erreur de croire qu'une fonction publique puisse jamais devenir la propriété d'un homme ; c'est une grande erreur de prendre l'exercice d'un pouvoir public pour un *droit*, c'est un *devoir*.

L'exercice d'une fonction publique est, non pas un droit, mais un devoir. Les officiers de la nation n'ont au-dessus des autres citoyens que des devoirs de plus ; et qu'on ne s'y trompe pas, nous sommes loin, en prononçant cette vérité, de vouloir déprécier le caractère d'homme public. C'est l'idée d'un grand devoir à remplir, et par conséquent d'une grande utilité pour les autres, qui fait naître et justifie les égards et le respect que nous portons aux hommes en place. Aucun de ces sentimens ne s'élèverait dans des âmes libres, à l'aspect de ceux qui ne se distingueraient que par des droits, c'est-à-dire qui ne réveilleraient que l'idée de leur intérêt particulier (1).

Principes de toute constitution.

Du droit naturel et imprescriptible des hommes en société. Tout homme a droit à exister, à conserver son existence, et à la rendre aussi heureuse qu'il lui est possible. Ce droit est inaliénable et imprescriptible. Les hommes apportent ce droit dans la société, et leur but est de le conserver. Ils sont réunis avec le même droit et dans le même but : donc ils sont égaux en droits. Nul d'entre eux n'apporte le droit de contraindre les autres en quoi que ce soit : donc ils sont libres, et ils sont libres également. Leur association ne peut leur ôter cette liberté, puisqu'ils ne sont réunis que pour confirmer et affermir leur droit à l'existence : donc ils continuent d'être libres. Ils ne peuvent conserver et embellir leur existence que par les moyens que la nature leur a donnés : donc ils sont libres d'employer tous ces moyens. Leur réunion en société a pour objet de conserver à chacun sans exception le droit qu'il avait à l'existence : donc la société doit

----

(1) *Sieyès*, 1789. Cet écrit, aussi fort de dialectique et de raison qu'admirable par le bon sens, qui renferme en quelques pages les élémens des vérités sociales primitives, et que le savant Cabanis a dit avec fondement être l'un des meilleurs morceaux d'analyse en aucune langue, est le commentaire le plus digne des déclarations d'où j'ai tiré les APHORISMES qui composent cette doctrine : c'est

défendre à chacun d'employer les moyens contraires aux droits d'autrui. Chacun est maître de sa personne : donc il n'y a aucun homme qui puisse attenter à la liberté individuelle d'un autre. Chacun emploie ses moyens à se procurer des propriétés pour conserver et embellir son existence : donc la société doit défendre à chacun d'attenter à la propriété d'autrui. Chacun est libre de penser, de dire, d'écrire, et de faire tout ce qui ne peut nuire à autrui : donc la société ni aucun de ses membres ne peut le lui défendre. Hors ce en quoi il pourrait nuire à autrui, la société ne peut contraindre aucun homme dans ses pensées, dans ses opinions, dans ses discours, dans ses écrits, dans ses actions, dans ses travaux, dans son industrie, dans l'usage de ses propriétés, dans sa religion. Tout ce que les lois ne défendent pas est permis.

Des droits des hommes. Pour connaître les droits de l'homme, il faut connaître le but pour lequel il est créé, et qu'il ne perd jamais de vue : c'est celui de sa conservation. Tout ce qui tend à le détruire, il le fuit; tout ce qui tend à le conserver, il le cherche. Ce sentiment lui vient du droit qu'il a à l'existence; être, être bien, être le plus long-temps possible, voilà l'objet pour lequel il est créé : c'est son droit primitif, inaliénable, et dont tous les

---

le génie de la raison précédant et éclairant le génie du législateur.

autres ne sont que l'application. Il suit de là
qu'aucun autre homme ne peut l'empêcher
de se procurer les moyens de conserver son
existence, qu'il a lui-même le droit de s'op-
poser aux torts qu'on pourrait lui faire à cet
égard; qu'il a par conséquent le droit de conserver son être, et de faire tout ce qu'il juge
nécessaire pour cela : c'est ce droit qu'on
nomme *liberté*. Mais chaque homme a ce droit
autant et aussi pleinement que les autres :
c'est ce droit relatif qu'on nomme *égalité*,
c'est-à-dire égalité de droits. Enfin, l'homme
peut posséder des choses propres à conserver
son être, à satisfaire ses besoins, et sur lesquelles il étend toute la plénitude de son droit
de liberté : et c'est ce qu'on nomme *propriété*.
Le but de l'association commune est de mettre
tous ces droits, pour chacun, sous la sauve-
garde de tous : et c'est ce qu'on nomme *sûreté*.
On peut conclure de tout ce qui vient d'être
dit que les droits que les hommes apportent
dans la société, se rapportent à ces trois : liberté, égalité, propriété; d'où il suit que le
but des lois conservatrices doit être de leur en
garantir la sûreté. La mauvaise constitution
est celle qui viole ces droits : la bonne constitution est celle qui les assure; l'excellente
constitution est celle qui leur donne le plus
grand développement possible.

De la liberté. Les lois doivent avoir pour
objet de conserver à chacun tout ce en quoi il
est libre de droit. L'homme est libre dans sa

personne, car aucun homme ne naît avec le droit de gêner la personne d'un autre, puisque nous avons vu que tous naissent libres également; dans sa pensée, car un homme ne naît pas avec le droit de gêner la pensée d'un autre; dans ses opinions, car les opinions sont des jugemens que nous avons formés ou adoptés : ce sont des pensées avouées par nous; dans ses discours, car la parole est libre comme la pensée, puisqu'elle n'est qu'une pensée prononcée; dans ses écrits, car ils ne sont que la parole communiquée; dans ses actions, car elles sont les actes que chaque homme fait et a droit de faire pour l'utilite et la conservation de son être; dans son industrie et ses travaux : car, destinés à conserver son existence, toute gêne qu'il recevrait à cet égard serait un attentat à son premier droit inviolable; dans l'usage de ses propriétés, car elles ne sont ou ne doivent être que le fruit de ses travaux et de son industrie.

De l'égalité. On passe pour principe, dans la formation de la société, que tous les hommes y sont égaux. On ne veut pas dire par là qu'ils sont tous égaux de taille, de force, de talens, d'industrie, de richesses, ce qui serait absurde; mais qu'ils sont égaux en liberté, et que, par conséquent, chacun apporte un droit égal à la protection commune.

*Si les hommes font des sacrifices à la so-*CIÉTÉ. Les lois ont pour objet de conserver aux hommes leurs droits, mais elles sont également faites pour chaque individu : donc il n'y en a aucun dont les droits ne doivent être conservés. La société ne saurait s'écarter de ce principe, ni ordonner à quelques-uns de faire des sacrifices que les autres ne feraient pas. Mais les hommes dans la société lui font-ils réellement des sacrifices de leurs droits? d'abord, l'homme ne peut sacrifier son droit de liberté ; ce droit est une chose inaliénable : il est inhérent à la nature de l'homme, il est éternel comme sont les principes, lesquels sont indestructibles et subsistent nécessairement. Celui qui croirait pouvoir sacrifier un de ses droits, croirait une folie ; car le droit est une chose indivisible et commune à tous les hommes, qu'aucun d'eux, ni tous ensemble, ne peuvent altérer. Et qu'on ne prenne pas ceci pour une subtilité ; parce qu'on voit tous les jours les hommes sacrifier leur liberté, on pense qu'ils sont libres de le faire, c'est-à-dire qu'ils sont libres de n'être pas libres. Mais qu'on y prenne garde : c'est l'exercice de leur liberté qu'ils sacrifient, et non pas le droit ; et l'aliénation, même volontaire, qu'ils font de cet exercice, est une consécration solennelle du droit qu'ils ont à la liberté. Dire qu'on peut suspendre l'exercice de tel droit, c'est dire qu'on a ce droit. Il en est de même de la propriété, car on peut aliéner ses propriétés et les donner ; mais on ne peut pas aliéner le droit de propriété. Il en est de même enfin de l'égalité, car il est impossible à aucun homme de faire qu'il ne soit, ni tout aussi libre qu'un autre. Il est clair maintenant que les droits de l'homme sont choses naturelles, inaliénables, et, par conséquent, imprescriptibles; et ce qui reste à voir, c'est ce que l'homme peut sacrifier à la société de l'exercice de ses droits : pour parvenir à le connaître, il ne faut que savoir quel est le but de la réunion de plusieurs hommes en société. Leur intention est d'ôter à chacun le pouvoir de nuire aux autres, et de lui donner le pouvoir de les servir : la société doit donc exiger en premier lieu que la liberté de chacun soit telle qu'il ne puisse nuire à aucun, et de faire cesser le droit, ou plutôt le pouvoir du plus fort. Mais ce droit n'en est pas un, car il n'est pas commun à tous, il n'est pas indivisible, il n'est pas dans la nature humaine; donc le sacrifice de ce droit n'est pas un sacrifice fait par tous à la société : c'est un aveu que fait le plus fort de céder à une force plus grande encore, celle de la réunion de plusieurs. Il suit de là que la société n'exige pas des hommes qui y entrent, le sacrifice de leur liberté ; elle exige seulement qu'ils ne l'emploient pas à nuire aux autres : et c'est ce que leur prescrit déjà la nature. La société fait plus : elle étend et favorise l'exercice de notre liberté, elle en écarte tous les obstacles, elle en remplit parfaitement le but, qui est la conservation et l'embellissement de notre existence, puisqu'en nous amenant à faire un plus grand nombre d'actes libres en faveur des autres, elle amène également les autres à en faire un plus grand nombre en notre faveur. On ne peut donc dire, à aucun égard, que l'homme ait sacrifié sa liberté en s'unissant avec d'autres hommes : d'où il suit que, s'il y a de l'esclavage, ce n'est que par un oubli total des principes et de ces droits éternels qui ne se prescrivent jamais. Quant à ce qu'on appelle les sacrifices de la propriété, ce sont des échanges que fait chacun de ce qu'il a, contre ce que déposent tous les autres : en effet, si chacun donne, chacun reçoit; il ne donne telle chose que pour avoir telle autre : d'où il suit que la loi de l'impôt est, comme toutes les autres, une convention où chacun examine d'abord ce qu'on lui donne, et ensuite ce qu'il donne. Cette convention est donc volontaire, et, pour s'exprimer d'une manière exacte, on ne doit pas l'appeler un sacrifice : autrement il faudrait dire aussi que le commerce est un cours de sacrifices continuels, puisque chacun y donne sa propriété en échange de quelque autre chose. Donc l'homme ne sacrifie ni sa liberté ni sa propriété : enfin, l'homme ne sacrifie en aucune manière ce qu'on appelle ses droits; car l'homme n'a qu'un droit, ainsi que nous l'avons dit : c'est le droit à l'existence; il le porte dans la société pour l'y conserver et l'étendre, et tout ce qu'on appelle ses droits, n'est que l'application de son droit unique et primitif. Mais l'homme ne fait des conventions, des échanges, des conditions et des lois, que pour conserver et embellir son existence : donc, bien loin de sacrifier la moindre chose de son droit, il le conserve, l'affermit et l'étend.

Si l'homme est gêné dans sa liberté. Du droit qu'a l'homme à conserver et embellir son existence, résulte la libre application de tous les moyens que la nature lui a donnés pour cela, soit en forces, soit en talens ; il apporte ces forces et ces talens dans la société, il y apporte la volonté de les appliquer : donc il y arrive libre. Mais il ne sacrifie point cette liberté, ainsi que nous l'avons prouvé ; il l'étend, au contraire, il l'affermit : donc il est libre ; et ce qui est vrai d'un des associés, est vrai de tous : donc tous sont libres également. Cependant, si nul n'a droit sur la liberté et sur la propriété des autres, il faut que nul ne puisse y attenter : ce sera leur première condition, et leur première loi. Ne faites pas aux autres ce que vous ne voudriez pas qui vous fût fait : cet axiome est la grande loi de la liberté. Il suit de là que nulle société ne peut défendre et interdire aucun acte à ses membres, hors ceux par lesquels ils pourraient nuire à quelqu'un ; mais cette loi existait naturellement avant la convention, et voici comment : chaque homme avait le droit, pour conserver son existence et les propriétés qui servaient à l'entretenir, de repousser les attaques et les usurpations d'un autre ; chacun, en entrant dans la société, y a apporté ce droit ; seulement il a chargé tous les autres de l'aider de leurs forces et de leurs moyens, et il leur a dit : Je n'emploierai pas mes forces, pourvu que vous me protégiez de toutes les vôtres, et je vous rendrai e même service à mon tour. Bien loin donc que la loi ôte de la liberté de chacun, elle l'affermit et l'étend : donc il ne faut pas dire que la loi gêne le droit de liberté des personnes ; car, même avant la loi, le pouvoir de faire du mal n'était pas un droit.

De la liberté dans les discours, dans les écrits et dans les actions. Les lois ne gênent donc pas la liberté des hommes, quand elles leur défendent de nuire aux autres. Nous sommes donc libres de dire, d'écrire, et de faire tout ce qui peut nous convenir ; et quoiqu'il soit défendu par la convention que nous avons passée, de rien dire, ni écrire, ni faire qui puisse nuire aux autres, notre liberté n'est pas plus gênée après la loi, qu'elle ne l'était auparavant. Mais il suit de là qu'il n'y a que les associés réunis qui puissent faire la loi, parce qu'il n'y a qu'eux qui puissent juger de ce qui leur convient, et qu'étant libre également, chacun sait parfaitement ce en quoi chaque autre pourrait lui nuire. Il est donc évident qu'un d'entre eux ne le doit, ni ne le peut. Il ne le doit pas, car : 1° aucun homme ne naît, ainsi qu'il a été prouvé, avec le droit de gêner la liberté d'un autre, à plus forte raison celle de plusieurs ou celle de tous ; 2° il est prouvé aussi que tous sont libres également. Il ne le peut pas ; car il est physiquement impossible qu'un seul puisse juger de ce qui convient à tous. Donc il n'y a que la convention de tous qui puisse défendre tels discours, tels écrits, telles actions, en conséquence de ce qu'ils nuisent aux autres; et s'ils ne leur nuisent point, ils sont permis.

De la liberté de la pensée. La pensée n'entre pas dans la classe des choses que les hommes peuvent défendre, relativement à l'exercice de la liberté. La pensée échappe à tout empire, à toute gêne : celui qui voudrait la sacrifier ne le pourrait pas; et puisqu'il ne peut y avoir ni sacrifice, ni volonté de le faire, elle reste à chacun parfaitement libre et indépendante. D'ailleurs, la société elle-même ne peut en exiger le sacrifice, puisqu'elle ne demande que celui des actes qui peuvent nuire à la société et aux individus. Mais la pensée n'est pas un acte; on ne la sent ni ne la voit : donc la société ne saurait exiger qu'aucun individu fasse le sacrifice de sa pensée à l'intérêt général qu'elle ne touche pas. Enfin la pensée, purement telle, ne nuit à personne; quand elle est publiée, ce n'est plus une pensée, c'est un discours : et nous venons de poser le vrai principe à cet égard.

De la liberté dans les opinions. L'homme n'est pas borné à avoir des pensées vagues et décousues; il a de plus la faculté et le besoin de les rapprocher les unes des autres, et de former sur elles des jugemens. Quand ces jugemens sont fixés dans l'esprit, on les appelle des opinions. Or, on ne saurait dire que l'homme, libre d'avoir des pensées, ne le soit pas de les rapprocher les unes des autres, et d'en tirer des conséquences : car ce serait dire qu'il n'est pas libre de raisonner; et certainement, ce n'est que pour raisonner qu'il pense. On ne saurait dire non plus qu'il n'est pas libre de raisonner mal, car c'est à choisir entre le bien et le mal que consiste sa liberté, et l'être qui, *nécessairement*, raisonnerait toujours bien ne serait pas libre. On ne saurait dire enfin qu'on peut interdire à tel ou tel homme de se former telle ou telle opinion, car ce serait lui interdire la suite des raisonnemens qu'il a faits pour se la former, et, par conséquent, chacune de ses pensées l'une après l'autre, et, par conséquent, en dernière analyse, l'usage de la faculté de penser. Il reste à examiner si l'on peut ordonner à tel ou tel homme de quitter son opinion pour en prendre une autre : mais ce serait lui ordonner d'avoir les pensées, et de faire les raisonnemens qu'il ne fait pas, et de ne pas faire ceux qu'il fait; ce serait vouloir ôter de son esprit les pensées qui y sont; ce serait en supposer d'autres qui n'y sont pas, lui faire abandonner les conséquences qu'il en tire en faveur de celle qu'il ne tire point, et lui faire avouer pour bon raisonnement, celui qui lui paraît mauvais, ce qui est absurde. Ce qui fait qu'on a toujours mal raisonné à ce sujet, c'est qu'un homme s'est toujours mis à la place de toute la société, qu'il ne représentait pas : il

a voulu exiger, au nom de la société, des sacrifices qu'elle ne pouvait exiger elle-même, et
que sa volonté particulière fût la règle de toutes les autres. Ce n'est pas le moindre abus de
la loi confiée à un seul.

De l'objet des lois ou convention. Les lois ou
convention obligatoire passée entre des hommes formant ensemble une société, ont pour
objet de les rendre plus forts et plus heureux :
les hommes doivent donc gagner à être en société. Ils sont plus forts par l'association de
plusieurs forces ; ils sont plus heureux par
l'association des secours. De l'association des
forces naît une protection de tous en faveur
de chacun, et, par conséquent, la sûreté de
chacun sous la sauve-garde de tous ; de l'association des secours, naît la garantie de tous,
pour procurer la félicité de chacun. Cependant les hommes en société y sont avec tous
leurs droits, car on ne peut pas dire qu'ils en
aient fait quelque sacrifice ; ils peuvent y
être disposés, mais il faut qu'ils le fassent.
Non-seulement ils y sont avec tous leurs droits,
mais ils y sont pour les conserver, pour les
mettre en sûreté, et sous une garantie puissante : la société doit donc donner à chaque
homme une jouissance plus assurée de tous les
droits qu'il y apporte.

Des lois. Si les hommes ne sont réunis en
société que pour conserver et maintenir leur
existence, pour être plus forts et plus heureux,

la société doit remplir ce but. Ils ont fait pour
cela des conditions ou conventions entre eux,
où tous ont contracté volontairement et librement. Ces conditions étant convenues par tous,
sont obligatoires pour tous; et alors on les appelle des lois. Les lois ont pour objet de maintenir la vie, la liberté, la personne, l'honneur
et la propriété de chacun, par une protection
générale, uniforme et commune. Les lois étant
inutiles si elles n'etaient pas exécutées, il a fallu
des peines, afin que chacun fût obligé d'obéir.
Les peines sont la compensation exacte des délits : elles doivent donc leur être exactement
proportionnées. Les lois étant faites pour tous,
les peines sont aussi pour tous : donc tous doivent être soumis aux mêmes peines, également
et sans distinction; nul homme ne peut être ac-
tionné, poursuivi, arrêté, emprisonné, jugé,
puni, que selon la loi dans les cas qu'elle a
prévus, et selon les formes convenues et accordées pour tous. Si la société a besoin de
contributions communes, tous les membres
sont obligés d'y entrer, proportionnellement à
leurs facultés.

Du consentement général aux lois. Les lois
quelconques, publiques, civiles, criminelles,
et autres, devant être obligatoires pour tous,
doivent être librement convenues, accordées
et consenties par tous. Si le consentement de
tous ne peut être obtenu, le plus petit nombre
est·lié par le consentement du plus grand. Si
la société, c'est-à-dire le peuple, est trop nom-

breuse pour être rassemblée en totalité, elle peut donner des pouvoirs de consentir pour elle, à des représentans librement élus, nommés et délégués par elle. Le peuple peut seul établir la manière d'élire, de nommer, de déléguer ses représentans et d'organiser sa représentation. Le pouvoir suprême réside toujours dans le peuple entier et ne peut être transféré à un ou à plusieurs, ou à la totalité de ses représentans. Le peuple a le droit de ratifier ou de rejeter ce que ses représentans ont consenti : il peut suspendre l'exercice de ce droit, il ne peut l'aliéner.

Du gouvernement. Il ne suffit pas d'avoir des lois, il faut encore veiller à leur exécution, et au maintien de l'ordre qui en est la suite ; il faut donc un mode de gouvernement. Le peuple entier et réuni ne pouvant veiller à l'exécution des lois, il est obligé de confier le pouvoir exécutif qu'il ne peut exercer ; mais il lui appartient souverainement. Le pouvoir souverain appartient au peuple ; tous les pouvoirs qu'il confie ou délègue émanent de lui, et sont comptables à lui. Il ne peut lui confier le pouvoir de faire des lois, car il cesserait d'être le souverain ; il a toujours le droit de reprendre le pouvoir quand il l'a perdu, et de changer ses lois selon qu'il lui convient. Il peut confier le pouvoir exécutif à un homme ou à plusieurs, et il ne le confie que pour l'exercer selon les lois ; et ceux à qui il a confié le pouvoir exécutif sont comptables et responsables envers lui, parce que le peuple est le souverain.

Des pouvoirs établis. Les pouvoirs ne sont délégués que pour le bon ordre et la sûreté de la nation, soit au dedans, soit au dehors. La nation fait veiller au bon ordre et à la sûreté du dedans, par des hommes chargés des fonctions administratives et judiciaires : ils sont tous responsables envers la loi. Elle fait veiller à la sûreté du dehors, par des hommes chargés de défendre l'Etat et de protéger les propriétés, la liberté commune : ils sont punissables s'ils y portent atteinte. Les différens pouvoirs doivent être confiés à des personnes différentes.

Tels sont les principes d'après lesquels toute constitution doit être formée et maintenue : c'est ainsi que se formeraient des hommes qui n'auraient pas encore éprouvé les abus de la civilisation dégradée. Il est indispensable de fixer la règle immuable où s'instruiront nos contemporains et la postérité, et prévenir aussi que ceux qui viendront après nous, puissent méconnaître et négliger leurs droits, et s'abandonner insensiblement aux progrès successifs et terribles du despotisme (1).

----

(1) *Rabaud Saint-Étienne*, 1789. Le droit naturel, l'égalité, la liberté et ses ramifications, la loi et le gouvernement sont ici définis avec une telle puissance de raisonnement et une telle concision logique, que la vérité en jaillit de toutes parts.

Principes d'une Déclaration des Droits des nations.

Nous devons un amour de préférence à la Patrie. Nous devons un amour de préférence à la société politique dont nous sommes membres. La mesure de cet attachement est déterminée par ses bienfaits à notre égard; la patrie conserve nos vies et nos fortunes, il y a réciprocité dans les obligations; nous devons donc, au besoin, lui sacrifier la fortune et la vie.

L'égoïsme national est aussi coupable que l'égoïsme individuel. Cependant l'égoïsme national est aussi coupable que l'égoïsme individuel; le patriotisme n'est point exclusif; l'énergie de ce sentiment se concilie avec cette douce philanthropie qui s'efforce d'anéantir les préjugés, l'intolérance, les rivalités, les haines entre les peuples, et de resserrer les nœuds de la fraternité entre les diverses sections de la famille humaine.

La politique est une branche de la morale universelle. La *politique* est une branche de la morale universelle, puisqu'elle est l'art de gouverner un peuple de la manière la plus conforme à son bonheur, sans nuire à celui des autres. La morale lie les nations. L'égalité naturelle et politique des peuples est comme celle des hommes.

La morale politique est le droit des gens en pratique. Les cris de l'humanité et de la jus-

tice doivent se faire entendre à travers le bruit
des armes. Scipion respectant les vertus d'une
belle Espagnole ; Régulus retournant à Car-
thage ; Camille renvoyant aux Falisques l'in-
stituteur perfide qui voulait livrer ses élèves ;
divers peuples s'empressant de porter des secours à Lisbonne presque engloutie par un
tremblement de terre ; dans la dernière guerre
un bâtiment anglais, livré aux horreurs de la
famine, courant demander des vivres et des
fers à un navire français, qui lui donne tous
les secours nécessaires et le laisse achever sa
route ; l'ordre de respecter l'escadre du capitaine Cook ; l'abolition du droit d'aubaine :
voilà le droit des gens en pratique (1). La loi
de l'an II de la république, qui décernait la
même peine contre les fabricateurs de fausse
monnaie étrangère que contre les fabricateurs
de fausse monnaie nationale, tandis que les
rois s'efforçaient de contrefaire les assignats,
est une grande idée morale mise par la France
en circulation parmi les peuples (2).

---

(1) « Le plus beau traité de paix dont l'histoire ait
« parlé, dit Montesquieu, est, je crois, celui que Gélon
« fit avec les Carthaginois. Il voulut qu'ils abolissent la
« coutume d'immoler leurs enfans. Chose admirable !
« Après avoir défait trois cent mille Carthaginois, il exi-
« geait une condition qui n'était utile qu'à eux, ou plutôt
« il stipulait pour le genre humain. Les Bactriens faisaient
« manger leurs pères vieux à de grands chiens ; Alexandre
« le leur défendit, et ce fut un triomphe qu'il remporta
« sur la superstition. »

(2) J'ajouterai un fait récent aux faits historiques cités

Les sociétés conservent entre elles des relations de voisinage et de besoins. La société humaine est divisée entre plusieurs sociétés particulières, qui conservent entre elles des relations résultant du voisinage ou des besoins respectifs. A la vérité les hommes éprouvent un plus grand besoin de se rapprocher que les peuples, parce qu'un peuple se suffit plutôt à lui-même qu'un individu ; et même on a vu des nations vouloir rompre toute communication avec les autres. On peut demander si elles avaient le droit de s'isoler : chacune n'est-elle pas obligée de cultiver la société humaine ?

---

ici en exemples par Grégoire. Une frégate et un brick américains attaquèrent et prirent, en 1816, cinq bâtimens barbaresques, sur l'un desquels était le neveu du dey. Dans sa route, la frégate ayant rencontré un vaisseau napolitain chargé d'aller payer le tribut à la régence pour la délivrance des esclaves, le capitaine américain dit à l'officier napolitain, en présence du neveu du dey : « Les « présens rendent plus exigeans ceux à qui on les offre : « c'est un acte de faiblesse que de s'y soumettre. Le fer « seul donne la liberté et l'indépendance ; il venge les in- « jures des marchés honteux. Retournez à Naples, et dites « à votre maître qu'un enfant de l'Amérique a affranchi « la Méditerranée du joug des puissances barbaresques. » Le bâtiment napolitain arbora le pavillon américain, et le neveu du dey fut envoyé en échange des sommes destinées pour la régence. Alors l'Angleterre occupait, depuis six mois, l'Europe du bruit d'un grand armement contre Alger ; elle avait équipé à grands frais une flotte nombreuse qui était en mer depuis un mois, et toutes ses menaces n'aboutirent, comme à son ordinaire, qu'à servir ses intérêts.

Les sociétés ont des rapports possibles. Si, par le fait, elles ne sont pas toujours unies, au moins il est entre elles des rapports possibles. Ces rapports étant l'ouvrage de la nature, doivent être immuables comme elle. Ainsi la loi de la sociabilité entre les peuples n'est autre que la loi naturelle appliquée aux grandes corporations du genre humain. Elle détermine leurs droits, leurs devoirs : elle en trace l'étendue et les limites. Dans l'état d'indépendance des nations, pour elles comme pour les individus, le droit de s'emparer de ce qui n'est à personne est limité à ce qu'on peut s'approprier par le travail ; le droit de tout faire est subordonné à la condition de ne pas faire mal aux autres. Guillaume Penn et les siens eurent un tel respect pour ce principe, que, pour former leurs établissemens dans le Nouveau – Monde, ils achetèrent des sauvages les terrains où ceux-ci grattaient à peine la terre pour semer leur maïs, où ils n'exerçaient guère d'autre métier que la chasse et la pêche.

Le droit des gens est invariable. Communément on définit le droit des gens : « La connaissance des principes et des règles que la « nature, l'usage et le consentement exprès « ou tacite ont établis entre les peuples dans « leurs rapports respectifs. » De là résultent deux sortes de droit des gens : le premier, auquel convient plus particulièrement cette dénomination, est invariable, parce qu'il est le

prononcé immédiat de la nature : le second,
qu'il faut nommer le droit public, est arbitraire et conventionnel (1). Il forme la juris-
prudence des sociétés politiques, et ne peut
avoir force de loi que par la ratification expresse ou tacite des parties contractantes,
c'est-à-dire de tous les peuples, qui tous, à
cet égard, possèdent en commun la puissance
législative.

*Ce qui est d'un usage inépuisable ou inno-
cent est à tous.* Les principes sont des idées
fécondes qui amènent la solution de toutes les
questions subordonnées : l'indigence de presque toutes les langues sur les véritables idées
politiques atteste combien cette matière est
neuve. On a longuement disserté sur les bos-
phores : les uns ont prétendu qu'ils pouvaient
être une propriété exclusive ; d'autres ont
fondé les péages exigés par quelques puissances, dans des détroits, sur l'obligation qu'elles
s'imposent d'entretenir les balises, les fanaux,
et d'éloigner les forbans. Des discussions in-
terminables ont eu lieu concernant l'étendue
de mer sur laquelle un peuple peut exercer
la souveraineté ; l'un la restreint à la portée

---

(1) Malgré l'inexactitude de ces dénominations de droit
des gens et de ce partage du droit des nations en droit de
la nature et en droit public, il est très-vrai que le droit
naturel des nations est invariable, puisqu'il n'est autre
que le droit des peuples, comme je l'ai démontré dans
mon écrit du *Droit naturel.*

du boulet, en sorte que, sous le canon d'une forteresse neutre, un vaisseau ennemi ne puisse être de bonne prise; un autre étend ce droit à trente lieues : enfin on veut qu'on puisse posséder la mer comme on possède un champ. Les solutions eussent été plus faciles, si, en examinant les droits indivis qui restent aux peuples sur certains objets après le partage du globe, on avait consacré le principe, que ce qui est d'un usage inépuisable ou innocent est à tous, que conséquemment la mer ne peut être la propriété d'aucun, et que l'insolente domination des Anglais sur les mers est une usurpation attentatoire aux droits des nations.

Tous les peuples sont égaux. Flétrissons à jamais les prétentions hiérarchiques, en consacrant l'égalité des peuples : un nain est homme ainsi qu'un géant. La souveraineté n'est pas susceptible de plus ni de moins; elle ne résulte ni de la force, ni de la richesse : elle appartient à Saint-Marin dans un degré aussi éminent qu'à la France. Les nations ont droit de s'organiser, de se lier, de s'incorporer, en traitant d'égal à égal entre elles, comme entre les hommes; s'il doit exister des rangs, c'est la vertu qui les donne. Voilà le principe; quand on l'a rencontré, rien ne doit le faire fléchir.

Est-il des préjugés avantageux aux peuples ? Est-il des préjugés avantageux ? cette question seule est un scandale en philosophie;

c'est demander, en d'autres termes, s'il importe à l'homme d'avoir des yeux ou de marcher à l'aveugle.

La vérité et la justice sont le besoin de tous les peuples. La vérité est le besoin de tous les temps, de tous les lieux. Si nous voulons trouver ce qui est réellement utile et politique, cherchons en tout ce qui est vrai, ce qui est juste; et n'oublions pas que la justice et la vérité ne peuvent jamais être la propriété exclusive d'aucun peuple : c'est le domaine de tous.

Une nation peut-elle se réserver exclusivement des moyens de prospérité? Ici se présente une question politique ; c'est de savoir jusqu'à quel point une nation peut se réserver des moyens de prospérité et de bonheur auxquels ne participeraient pas les autres. Les efforts des Espagnols ou des Hollandais pour conserver le monopole de la cochenille et des épices, sont un délit de lèse-humanité. Un voyageur français en franchissant les murs du jardin de la compagnie hollandaise, Thierry de Menouville en allant à Guaxaca enlever la cochenille mestèque pour l'acclimater à Saint-Domingue, n'ont pas blessé les principes du droit des gens. Après l'introduction des droits inmaine et de la propriété, il divis qui restent aux créancière et débitrice envers les autres dans tout ce qui peut améliorer l'espèce humaine et multiplier les moyens de bonheur. Ces maximes sont éternellement vraies, ou les hommes et les peuples ne sont pas frères. Loin d'atténuer par - là dans le cœur du citoyen l'amour de son pays, en faisant extravaser sa philanthropie, cet amour doit se fortifier par la considération que, s'il doit tout à ses semblables, quel que soit leur pays, ses devoirs envers la patrie sont bien plus étendus et plus sacrés.

La raison peut seule ramener les peuples à des principes de justice. Quand une contestation s'élève entre les peuples, il n'est que deux moyens de la terminer : la raison et le canon. Mais ce n'est que par la raison que les peuples peuvent être ramenés à des principes de justice. S'il importe à chaque citoyen de trouver un homme probe dans son voisin, il importe de même à tout peuple que les peuples voisins se moralisent et s'éclairent. L'unité monétaire, l'unité des mesures contribueront à les moraliser ; car, ils adopteront ces belles découvertes, et ce bienfait sera l'ouvrage de la France : une déclaration du droit des gens en est le complément.

Du respect de la souveraineté des peuples. Quand la souveraineté est retournée à sa source, chacun à l'œil, les peuples connaissent mieux leurs droits, qui sont asservis, utile de plus. Plaindre ceux qu'ils ont droit d'abuser, connaissant toutefois de conséquence traiter avec les gouvernemens, quels qu'ils soient, et ne pas s'immiscer dans leur régime intérieur. Que les voyageurs, en parcourant les rives étrangères, se pénètrent de ces principes, que partout ils allient la fierté de l'homme libre à la soumission aux lois des pays qu'ils veulent visiter; et si leur conduite ne retrace sans cesse la justice et la loyauté de leur république, les désavouer comme indignes du nom de nationaux. D'un autre côté, si l'étranger vient pour conspirer et pour attenter à la liberté, qu'à l'instant la vengeance soit levée sur sa tête; mais s'il y est attiré par les relations du commerce, de l'amitié, par l'amour des arts, l'amour de la constitution, qu'il y trouve sûreté et amitié : en abordant les frontières, que les bras de l'hospitalité lui soient ouverts.

Les peuples deviendront frères. Lorsqu'on connaît les lucamones des Étrusques, la ligue des Achéens, et le corps amphyctionique, la différence n'est que du plus au moins. Le despotisme qui est une grande erreur, la guerre qui est une grande immoralité, deviendront plus rares en Europe; les peuples, détrompés des fausses idées de grandeur, et connaissant mieux leurs intérêts, s'occuperont à vivifier leur économie politique ; alors tomberont les barrières entre les nations, elles étendront les unes vers les autres leurs mains fraternelles, bien convaincues que pour elles, comme pour les individus, les bonnes mœurs et la justice sont les sources uniques du bonheur (1).

---

(1) *Grégoire*, an III de la république. Cette analyse

si philosophique des droits et des devoirs des nations, d'une philanthropie si judicieuse, est le complément nécessaire de la *Reconnaissance et exposition raisonnée des droits de l'homme et du citoyen*, par Sieyès, et également un traité admirable, dont on ne trouve d'antécedent dans les publicistes en aucune langue.

APHORISMES

UNIVERSELS

DES LOIS ET DES RAPPORTS

DES PEUPLES,

DÉDUITS DE LA NATURE DE L'HOMME

ET DES DROITS DU GENRE HUMAIN.

On croit voir, en les lisant,
la France et l'Amérique écri-
vant pour l'univers les droits
des sociétés humaines.
AVANT-PROPOS.

§ I. COMMUNAUTÉ ET SON BUT.

APHORISME I.

Que le but de la société est le bonheur d'un
chacun.

LE but de la société est le bonheur commun. Tous les hommes sont nés également libres et indépendans ; ils ont des droits certains, essentiels et naturels, dont ils ne peuvent, par aucun contrat, priver ni dépouiller leur postérité : tels sont le droit de jouir de la vie et de la liberté, avec les moyens d'acquérir et de posséder des propriétés, de chercher et d'obtenir le bonheur et la sûreté.

Corollaire. L'homme reçoit de la nature des besoins impérieux avec des moyens suffisans pour y satisfaire; il éprouve dans tous les instans le désir du bien-être; les secours qu'il reçut de ses parens, ceux qu'il reçoit ou qu'il espère de ses semblables, lui font sentir que, de tous les moyens de bien-être, l'état de société est le plus puissant. Chercher des soutiens, se rendre heureux, est le motif sur lequel sont fondées les sociétés; rendre heureux les autres, ne leur jamais nuire dans leur personne, leur liberté et leur propriété, en est le lien. La société est imparfaite, si elle n'a pas pour but le bien de tous les associés en général, et de chacun en particulier. La sûreté y dépend des services mutuels; le bien commun doit donc être en société la règle de nos actions. On ne doit jamais y chercher l'avantage particulier au préjudice de l'avantage commun. L'objet d'une association politique ne peut être que le plus grand bien de tous (1).

---

(1) Malgré l'erreur manifeste d'un prétendu état de nature pour l'homme en tous ceux qui ont parlé ou écrit de la société, faux point de vue d'où ils sont toujours partis, le grand Carnot, dans son projet de déclaration des droits, fit ressortir du moins la protection de la société de l'état même de société. « Ce n'est pas que dans l'état de société « l'homme soit plus restreint dans l'exercice de ses droits « primitifs, qu'il ne l'est dans l'état de nature, puisqu'au

APHORISME II.

Que le but de l'association politique est la conservation des droits naturels.

Le but de toute association politique est la conservation des droits naturels et imprescriptibles de l'homme.

Corollaire. Aucun pouvoir, excepté le consentement unanime de tous les membres de la société, ne peut rendre légitime une atteinte portée à ces droits ; elle ne le serait pas même encore, à moins que chaque homme, en parvenant à l'âge de raison, ne donnât un nouveau consentement à cette violation, qu'elle ne tombât jamais que sur ceux qui auraient consenti à s'y soumettre, et qu'ils pussent retirer leur consentement après un terme fixé. On ne peut pas dire que la société puisse plus légiti-

---

« contraire il ne se réunit à ses semblables qu'afin que
« ces mêmes droits soient mieux garantis, et plus certai-
« nement dirigés vers le même but, par la concordance
« des volontés et des efforts individuels. Dans l'état de
« nature, les droits de l'homme sont indéfinis ; mais le plus
« souvent ces droits sont illusoires, parce qu'ils sont sans
« cesse contrariés l'un par l'autre, ou rendus sans effet
« par la faiblesse des moyens de chaque individu isolé,
« pour lutter seul contre les élémens et contre tous les
« obstacles. Dans cet état, tout appartient au plus fort,
« tout est subjugué par lui ; il n'y a donc ni liberté, ni.
« égalité, ni propriété, ni moyen de résister à l'oppres-
« sion. Voilà pourquoi les hommes se réunissent ; c'est
« afin d'empêcher qu'il n'y ait un plus fort, en mettant
« au-dessus de lui la volonté générale et la force publi-
« que. Ce n'est donc point pour restreindre ses droits, mais

mement resserrer ces droits dans certaines limites;
elle peut seulement fixer d'une manière précise
celles que la nature y a mises. On ne peut pas dire
qu'elle ait le droit d'en régler l'exercice; mais seulement lorsque la nature et la raison exigent que cet
exercice soit assujéti à une règle commune, la société a le droit de déterminer cette règle. La société
pourrait attenter de deux manières différentes aux
droits des hommes : 1° en faisant des lois dont les
dispositions fussent une atteinte à ces droits; 2° en
faisant des lois dont l'exécution exposerait évidemment à une violation fréquente de ces droits. Les
hommes ne s'étant réunis que pour jouir de leurs
droits d'une manière plus sûre, plus tranquille et
plus complète, la puissance publique est obligée
envers les citoyens à faire les lois nécessaires pour
leur assurer cette jouissance. Chaque individu de la
société a donc droit d'être protégé par elle dans la
jouissance de sa vie, de sa liberté et de sa propriété,

« pour les agrandir, que l'homme se met en société. Et en
« effet, il en acquiert sur-le-champ un nouveau, qui ne
« peut avoir lieu dans l'état de nature, et qu'on pourrait
« nommer *droit de bienveillance*, parce que c'est celui
« qu'en devenant citoyen, il acquiert à la protection so-
« ciale, c'est-à-dire à la portion de secours que peut lui
« porter chacun des autres membres de la société, sans se
« nuire à lui-même. Ainsi, pour la portion mal assurée
« des droits primitifs dont il fait l'abandon, chaque indi-
« vidu, en devenant membre du corps social, acquiert un
« droit effectif qui ne peut se perdre ni s'altérer, sans que
« la société elle-même en soit dissoute; et c'est par ce droit
« nouveau qu'il parvient à réaliser une somme de liberté,
« un rapprochement vers l'égalité de fait, une latitude de
« jouissance enfin à laquelle, sans le pacte social, il ne
« lui eût jamais été possible d'atteindre. »

conformément aux lois établies. Les hommes, pour être heureux, doivent avoir le libre et entier exercice de toutes leurs facultés physiques et morales. Pour s'assurer le libre et entier exercice de ses facultés, chaque homme doit reconnaître et faciliter dans ses semblables le libre exercice des leurs. De cet accord exprès ou tacite, résulte entre les hommes la double relation des droits et des devoirs. Le droit de chacun consiste dans l'exercice de ses facultés, limité uniquement par le droit semblable dont jouissent les autres individus. Le devoir consiste à respecter le droit d'autrui. Le libre exercice des facultés humaines n'a d'autres limites que celles qui sont évidemment nécessaires pour le bonheur public.

APHORISME III.

Que les droits de la cité précèdent ceux du citoyen.

Les droits de la cité vont avant ceux du citoyen.

Corollaire. Le salut du peuple est la suprême loi.

---

§ II. DROITS ET DEVOIRS.

APHORISME IV.

En quoi consistent les droits de l'homme en société.

Les droits naturels, civils et politiques des hommes sont : la liberté, l'égalité, la sûreté, la propriété, la garantie sociale, et la résistance à l'oppression.

Corollaire. Ces droits appartiennent également à tous les hommes, quelle que soit la différence de leurs forces physiques et morales. Les principaux droits de l'homme sont celui de pourvoir à la conservation de son existence et la liberté.

APHORISME V.

De l'égalité sociale.

Tous les hommes sont égaux par la nature et devant la loi. L'égalité consiste en ce que la loi est la même pour tous, soit qu'elle récompense ou qu'elle punisse, soit qu'elle protège ou qu'elle réprime; et elle n'admet aucune distinction de naissance, aucune hérédité de pouvoir.

Corollaire. L'égalité des droits est établie par la nature : la société, loin d'y porter atteinte, ne fait que la garantir contre l'abus de la force, qui la rend illusoire; l'égalité consiste en ce que chacun puisse jouir des mêmes droits. Les hommes, inégaux en moyens moraux et physiques, sont donc égaux aux yeux des lois qui dirigent la société dont ils sont membres : l'inégalité des moyens a établi l'égalité de secours. Les lois, les devoirs et les peines, la protection et la sûreté, sont égaux en société, lors même que les talens, l'industrie, les fonctions ou la fortune n'y admettent point une égalité de profits ou d'avantages.

APHORISME VI.

Ce que sont les distinctions entre les citoyens.

Les distinctions sociales ne peuvent être fondées que sur l'utilité commune.

Corollaire. Il n'existe entre les citoyens d'autre supériorité que celle résultant des fonctions publiques, et relativement à l'exercice de ces fonctions ; d'autre distinction que celle dérivant d'une récompense nationale.

APHORISME VII.

De la liberté.

La liberté est le pouvoir qui appartient à l'homme de faire tout ce qui ne nuit pas aux droits d'autrui : elle a pour principe la nature, pour règle la justice, pour bornes les droits d'autrui, pour sauve-garde la loi ; sa limite morale est dans cette maxime : *ne pas faire à un autre ce que tu ne veux pas qui te soit fait.* Elle consiste à pouvoir faire tout ce qui n'est pas contraire aux droits d'autrui : ainsi, l'exercice des droits naturels de chaque homme n'a de bornes que celles qui assurent aux autres membres de la société la jouissance de ces mêmes droits.

Corollaire. Tous les hommes naissent égaux et libres ; aucun d'eux n'a plus de droit que les autres de faire usage de ses facultés naturelles ou acquises : ce droit commun à tous n'a d'autre limite que la conscience même de celui qui l'exerce, laquelle lui interdit d'en faire usage au détriment de ses semblables.

APHORISME VIII.

En quoi consiste la liberté.

La libre communication des pensées et des opinions est un des droits les plus précieux de l'homme : tout citoyen peut donc parler, écrire, imprimer librement. Nul genre de travail, de commerce, de culture, d'industrie ne peut être interdit ; chacun peut fabriquer, vendre et transporter toute espèce de production. Le droit de s'assembler paisiblement et sans armes, de quitter le pays, de se choisir une autre patrie, et le libre exercice des cultes, ne peuvent être interdits.

Corollaire. Tout homme doit être libre dans l'exercice de ses facultés personnelles, pourvu qu'il s'abstienne de nuire aux droits d'autrui. Ainsi, personne n'est responsable de sa pensée ni de ses sentimens ; tout homme a le droit de parler ou de se taire : nulle manière de publier ses pensées et ses sentimens ne doit être interdite à personne ; et en particulier, chacun est libre d'écrire, d'imprimer ou de faire imprimer ce que bon lui semble, toujours à la seule condition de ne pas porter atteinte aux droits d'autrui. Enfin, tout écrivain peut débiter ou faire débiter ses productions, et il peut les faire circuler librement, tant par la poste que par toute autre voie, sans avoir jamais à craindre aucun abus de confiance. Les lettres, en particulier, doivent être sacrées pour tous les intermédiaires qui se trouvent entre celui qui écrit et celui à qui il écrit. Tout citoyen est pareillement libre d'employer ses bras, son industrie et ses capitaux, ainsi qu'il le juge bon et utile à lui-même. Nul genre de travail ne lui est interdit ; il peut fabriquer et produire ce qui lui plaît, et comme il lui plaît ; il peut garder ou transporter à son gré toutes sortes de marchandises, et les vendre en gros ou en détail. Dans ces diverses occupations, nul individu, nulle association n'a le droit de le gêner, à plus forte raison de l'empêcher : la loi seule peut marquer les bornes qu'il faut donner à cette liberté, comme à toute autre. Tout homme est le maître d'user de son bien et de son revenu ainsi qu'il le juge à propos. Tout homme est pareillement le maître d'aller ou de rester, d'entrer ou de sortir du pays, quand et comme bon lui semble ; de se choisir une autre patrie, en renonçant aux droits attachés dans la première à sa qualité de citoyen. Les citoyens ont le droit de s'assembler paisiblement et de conférer librement sur leurs intérêts. Enfin, la religion ou le culte, et la manière de s'en acquitter, doivent être uniquement dirigés par la raison et par la conviction, et jamais par la force ni par la violence : d'où il suit que tout homme doit jouir de la plus entière liberté de conscience, et de la liberté la plus entière aussi dans la forme de culte que sa conscience lui dicte ; et qu'il ne doit être ni gêné ni puni par le magistrat, à moins que, sous prétexte de religion, il ne troublât la paix, le bonheur ou la sûreté de la société. C'est un devoir réciproque de tous les citoyens de pratiquer la tolérance, l'amour et la charité les uns envers les autres. Nul ne peut être forcé de contribuer aux dépenses d'aucun culte, et les citoyens ont le droit d'élire ou choisir les ministres de leur culte.

APHORISME IX.

De la sûreté.

La sûreté résulte du concours de tous pour assurer les droits de chacun : elle consiste dans la protection accordée par la société à chacun de ses membres pour la conservation de sa personne, de ses droits et de ses propriétés.

Corollaire. La société doit prendre les plus fortes mesures pour empêcher qu'un individu quelconque puisse exercer sur un autre aucune sorte de violences ou d'actes arbitraires.

APHORISME X.

Ce qui constitue la sûreté.

Aucun homme ne doit être privé en aucune manière de sa vie, de sa liberté, de ses droits, de sa propriété, ni arrêté, emprisonné, ni mis hors de la protection de la loi, ni exilé qu'en vertu de la loi du pays.

Tout homme étant présumé innocent jusqu'à ce qu'il ait été déclaré coupable, s'il est jugé indispensable de l'arrêter, toute rigueur qui ne serait pas nécessaire pour s'assurer de sa personne doit être sévèrement défendue et réprimée par la loi.

Nul ne doit être jugé et puni qu'après avoir été entendu ou légalement appelé, et qu'en vertu d'une loi promulguée antérieurement au délit.

Tout acte exercé contre un homme hors des cas et sans les formes que la loi.détermine, est arbitraire et tyrannique : celui contre lequel on voudrait l'exercer par la violence a le droit de le repousser par la force.

La maison de chaque citoyen est un asile inviolable : pendant la nuit, nul n'a le droit d'y entrer que dans le cas d'incendie, d'inondation ou de réclamations venant de l'intérieur de la maison ; pendant le jour, on peut y exécuter les ordres des autorités constituées.

Aucune visite domiciliaire ne peut avoir lieu qu'en vertu d'une loi et pour la personne ou l'objet expressément désigné dans l'acte qui ordonne la visite.

Corollaire. Tout corps politique reçoit l'existence d'un contrat social exprès ou tacite, par lequel chaque individu met en commun sa personne et ses facultés sous la suprême direction de la volonté générale, et en même temps le corps politique reçoit chaque individu comme portion du tout, et promet également à chacun sûreté et protection. Libre dans sa personne, le citoyen ne peut être accusé que devant les tribunaux établis par la loi ; il ne peut être arrêté, détenu, emprisonné, que dans les cas où ces précautions sont nécessaires pour assurer la réparation ou la punition d'un délit, et selon les formes prescrites par la loi, et il doit être publiquement poursuivi, publiquement confronté, publiquement jugé. On ne peut lui infliger que des peines déterminées par la loi, avant l'accusation ; ces peines doivent toujours être graduées suivant la nature des délits, et enfin égales pour tous les citoyens. Tout acte contre la liberté, la sûreté ou contre la propriété d'un homme, exercé par qui que ce soit, même au nom de la loi, hors des cas determinés par elle, et des formes qu'elle prescrit, est arbitraire et nul : le respect même de la loi défend de s'y soumettre, et si on veut l'exécuter par violence, il est permis de la repousser par la force.

APHORISME XI.

De la propriété.

Le droit de propriété est celui qui appartient à tout citoyen de jouir et de disposer à son gré, et de la manière la plus indépendante, de ses biens, de ses revenus, du fruit de son travail et de son industrie (1).

Corollaire. Nul homme n'est plus libre qu'un autre, nul n'a plus de droits à sa propriété, qu'un autre n'en peut avoir à la sienne. Tous doivent jouir de la même garantie et de la même sécurité. Le droit de propriété est borné, comme tous les autres, par l'obligation de respecter les droits d'autrui. Il ne peut préjudicier ni à la sûreté, ni à la liberté, ni à l'existence, ni à la propriété de nos

---

(1) La loi civile française définit ainsi la possession : « La possession est la détention ou la jouissance d'une chose ou d'un droit que nous tenons ou que nous exerçons par nous-mêmes, ou par un autre, qui le tient ou qui l'exerce en notre nom. » Et elle ajoute : « L'usufruit est le droit de jouir des choses dont un autre a la propriété, comme le propriétaire lui-même, mais à la charge d'en conserver la substance. »

semblables. Toute possession, tout trafic qui viole
ce principe, est essentiellement illicite et immoral.
La loi seule peut apporter des modifications à cette
liberté pour l'intérêt général. C'est sur le maintien
des propriétés que reposent la culture des terres,
toutes les productions, tout moyen de travail, et
tout l'ordre social.

APHORISME XII.

Que la personne est une propriété inaliénable.

Tout homme est seul propriétaire de sa
personne : cette première propriété est inaliénable.

Corollaire. Tout homme peut engager ses services, son temps, mais il ne peut se vendre, ni
être vendu : sa personne n'est pas une propriété
aliénable. La loi ne reconnaît point de domesti-
cité ; il ne peut exister qu'un engagement de soins
et de reconnaissance entre l'homme qui travaille et
celui qui l'emploie.

APHORISME XIII.

Que la propriété est inviolable.

La propriété est un droit inviolable et sacré.
Nul ne peut être privé de la moindre partie de
sa propriété sans son consentement, si ce n'est
lorsque la nécessité publique légalement cons-
tatée l'exige, et sous la condition d'une juste et
préalable indemnité.

Corollaire. Nul ne peut être forcé de céder sa
propriété à personne que ce soit : le sacrifice n'en

est dû qu'à la société entière ; mais seulement dans les cas d'une nécessité publique, et alors la société doit au propriétaire une indemnité équivalente. Aucune partie de la propriété d'un homme ne peut ainsi lui être enlevée ni appliquée aux choses publiques sans son propre consentement ou celui de ses représentans légitimes, et le peuple n'est lié que par les lois qu'il a consenties de cette manière pour l'avantage commun.

APHORISME XIV.

De la garantie sociale.

La garantie sociale consiste dans l'action de tous pour assurer à chacun la jouissance et la conservation de ses droits ; cette garantie repose sur la souveraineté nationale , et elle ne peut exister si la division des pouvoirs n'est pas établie, si les limites des fonctions publiques ne sont pas clairement déterminées par la loi, et si la responsabilité des fonctionnaires n'est pas assurée.

Elle consiste encore en ce que tout citoyen doit trouver un remède certain dans le recours aux lois pour tous les torts ou injures qu'il peut éprouver dans sa personne, dans sa propriété, dans sa réputation. Il doit obtenir droit et justice gratuitement et sans être obligé de les acheter, complétement et sans qu'on puisse les lui refuser, promptement et sans délai, et conformément aux lois.

Corollaire. La liberté, la propriété et la sécurité des citoyens reposent sous une garantie sociale, supérieure à toutes les atteintes. Ainsi la loi doit avoir à ses ordres une force capable de réprimer ceux des citoyens qui entreprendraient d'attaquer les droits de quelque autre; ainsi tous ceux qui sont chargés de faire exécuter les lois, tous ceux qui exercent quelque autre partie de l'autorité ou d'un pouvoir public, doivent être dans l'impuissance d'attenter à la liberté des citoyens; ainsi l'ordre intérieur doit être tellement établi, et servi par une force intérieure et légale, qu'on n'ait jamais besoin de requérir le secours dangereux du pouvoir militaire; ainsi, pour prévenir le despotisme et assurer l'empire de la loi, les pouvoirs législatif, exécutif, judiciaire, doivent être distincts : leur réunion dans les mêmes mains mettrait ceux qui en seraient les dépositaires au-dessus de toutes les lois, et leur permettrait d'y substituer leurs volontés; ainsi tous les individus doivent pouvoir recourir aux lois, et y trouver de prompts secours pour tous les torts ou injures qu'ils auraient soufferts dans leur personne ou dans leurs biens, ou pour les obstacles qu'ils éprouveraient dans l'exercice de leur liberté (1).

APHORISME XV.

Que la résistance à l'oppression est la conséquence des droits.

La résistance à l'oppression est la conséquence des autres droits : il y a oppression contre le corps social lorsqu'un seul de ses

______

(1) V. pour les développemens des droits naturels, § VI. *Droit de cité.*

membres est opprimé, il y a oppression contre chaque membre lorsque le corps social est
opprimé.

Corollaire. La liberté du citoyen consiste à n'être
soumis qu'à la loi, à n'être tenu d'obéir qu'à l'autorité établie par la loi, à pouvoir faire, sans crainte
de punition, tout usage de ses facultés qui n'est
pas défendu par la loi, et, par conséquent, à résister à l'oppression. Il y a oppression, lorsqu'une
loi viole les droits naturels, civils et politiques
qu'elle doit garantir; il y a oppression, lorsque la
loi est violée par les fonctionnaires publics dans
son application à des faits individuels; il y a oppression, lorsque des actes arbitraires violent les
droits des citoyens contre l'expression de la loi.
Quand la garantie sociale manque à un citoyen, il
rentre dans le droit naturel de se défendre lui-
même; quand le gouvernant opprime le peuple, et
viole ses droits, l'insurrection est pour le peuple
et pour chaque portion du peuple, le plus sacré
des droits et le plus indispensable des devoirs (1).

---

(1) « Dans l'un et l'autre cas, assujétir à des formes
légales la résistance à l'oppression, est le dernier raffine-
ment de la tyrannie. » « Dans tout gouvernement libre,
le mode de résistance à l'oppression doit être réglé par la
constitution. » Cette différence d'opinion du législateur
en France sur le moyen confirme la vérité du principe,
d'ailleurs universellement reconnu par les législateurs
français et américains, parce qu'ils ne faisaient qu'exprimer un sentiment humain. Mais s'il est possible de régler
le mode pour des cas individuels, comment en ordonner
pour des cas généraux? Ce serait consacrer la tyrannie,
puisque c'est alors la chose publique qui est en péril.
« Les Crétois, pour tenir les premiers magistrats dans la

APHORISME XVI.

Les droits engendrent les devoirs.

Le maintien de la société demande que ceux qui la composent connaissent et remplissent leurs devoirs. Tous les devoirs de l'homme et du citoyen dérivent de ces deux principes, gravés par la nature dans tous les cœurs : *Ne faites pas à autrui ce que vous ne voudriez pas qu'on vous fît; faites constamment aux autres le bien que vous voudriez en recevoir* (1).

Corollaire. Dans l'état de société, chaque homme,

« dépendance des lois, employaient un moyen bien sin-
« gulier, dit Montesquieu : c'était celui de l'insurrection.
« Une partie des citoyens se soulevait, mettait en fuite
« les magistrats, et les obligeait de rentrer dans la condi-
« tion privée : cela était censé fait en conséquence de la
« loi. Une institution pareille, qui établissait la sédition
« pour empêcher l'abus du pouvoir, semblait devoir ren-
« verser quelque république que ce fût. Elle ne détruisit
« pas celle de Crète ; voici pourquoi : Lorsque les Anciens
« voulaient parler d'un peuple qui avait le plus grand
« amour pour la patrie, ils citaient les Crétois. *La pa-
« trie*, disait Platon, *nom si tendre aux Crétois.* Ils l'ap-
« pelaient d'un nom qui exprime l'amour d'une mère pour
« ses enfans. Or, l'amour de la patrie corrige tout »

(1) Ces deux préceptes sont le résumé de ce que la philosophie de tous les siècles a enseigné de plus pur en théo-
rie et de plus vrai en pratique. La science du juste et de
l'injuste est dans ces deux préceptes, fondement des
maximes d'équité ; la morale est là tout entière, qu'on

pour obtenir l'exercice libre de ses facultés, doit le
reconnaître dans ses semblables, le respecter et le

---

applique ces préceptes à soi, à la famille ou à la cité, à
l'homme ou aux peuples. Plusieurs philosophes ont cependant, sinon rejeté ces préceptes, du moins condamné leur
énoncé, se fondant sur ce que c'est une loi de notre nature, nécessaire à la conservation, que l'amour de soi.
Mais les raisons qu'ils en ont données les confirment, puisqu'ils conviennent que la nature a placé en nos cœurs des
penchans qui tempèrent l'inflexibilité de l'amour de soi. On
voit en les lisant, qu'en résultat, leur opinion est plutôt
fondée sur les conséquences qu'une fausse application
peut en tirer, que sur le principe même.. La loi de l'amour de soi ne peut avoir d'application sûre que dans
cette bienveillance réciproque qui cimente nos rapports
humains. Voilà la vérité, et cette vérité est tellement évidente, que l'illustre Carnot a dit dans son projet de déclaration des droits : « Il est dans la nature de tout être
« sensible de placer son intérêt propre avant tous les autres
« intérêts. Voilà le premier mobile des actions humaines,
« c'est l'amour de soi-même ou le désir du bonheur ; ce
« sentiment est l'âme du monde, il pénètre et se retrouve
« partout, quelque enveloppé et inconnu à lui-même qu'il
« puisse être. D'ailleurs la philosophie est assez avancée
« aujourd'hui pour qu'il soit inutile de démontrer cette
« vérité. Quiconque a réfléchi sur ces objets sait qu'il
« n'existe et ne peut exister de sacrifice qui soit absolu ;
« que ce que nous appelons ainsi n'est jamais que l'é-
« change ou la cession d'un avantage apparent pour un
« autre qui ne l'est pas ; que tout bienfait porte avec soi
« sa récompense, que toute abnégation trouve son dédom-
« magement dans les replis du cœur humain. Ainsi l'a-
« mour de soi-même ne saurait être anéanti ; mais à côté
« de ce principe dominant, la nature a placé dans nos
« cœurs d'autres penchans qui en tempèrent l'inflexibilité.
« Elle y a mis des besoins de rapprochement, l'amour pa-
« ternel, l'instinct de la pitié, une disposition sentimen-

faciliter (1). De cette réciprocité nécessaire résulte
entre les hommes réunis la double relation des
droits et des devoirs ; le but de toute société est
de maintenir cette double relation par l'établissement des lois, dont l'objet est de garantir tous les
droits, et d'assurer l'observation de tous les devoirs.
De ces devoirs naît la morale, base nécessaire de
toute société, et rien n'étant plus convenable à la
société que la compassion, la douceur, la bénéfi-
cence, la générosité, il suit que les hommes vivant
en société doivent se secourir dans leurs infirmités, leur vieillesse et leur indigence : ce qui établit la loi de la reconnaissance, de l'hospitalité, de
l'humanité.

« tale qui nous fait participans du soulagement que nous
« pouvons procurer aux autres. Or, la morale, en se sai-
« sissant de ces dispositions, ébauchées en quelque sorte
« par la nature, en les creusant, pour ainsi dire, par le
« soc de l'habitude, en les combinant avec celui de l'a-
« mour personnel, trouve dans cet amour personnel mê-
« me, qui semblait ne devoir produire qu'un égoïsme froid
« et systématique, l'étincelle des passions héroïques et le
« germe de tous les sentimens généreux. N'accusons donc
« pas la nature, qui, en plaçant dans le cœur de l'homme
« l'amour de lui-même au-dessus de tout sentiment, nous
« a laissé tant de moyens de diriger ce ressort puissant
« vers l'utilité commune : occupons-nous des lois sages et
« de l'instruction nationale qui doivent opérer ces heu-
« reuses modifications, et qui peuvent toutes assurer et
« le succès de la révolution, et le bonheur des générations
« qui nous suivent. »

(1) Le devoir de chacun consiste à respecter le droit
d'autrui, comme il est dit aux précédens Aphorismes.

APHORISME XVII.

En quoi consistent les devoirs sociaux.

Les obligations de chacun envers la société consistent à la défendre, à la servir, à vivre soumis aux lois, et nul n'est bon citoyen, s'il n'est bon fils, bon frère, bon époux, bon père, bon ami, bon voisin.

Corollaire. C'est à la société que l'homme est redevable d'un genre de devoir, l'amour de la patrie. Le premier devoir de tout citoyen est de servir la société selon sa capacité et ses talens : tout citoyen doit donc de lui-même ses services à la patrie et au maintien de la liberté, de l'égalité, de la sécurité et de la propriété, et toutes les fois que la loi l'appelle à les défendre. Nul n'est homme de bien s'il n'est franchement et religieusement observateur de la morale et des lois. La morale est la base nécessaire de toute société et la règle des devoirs. Les devoirs qui nous règlent par rapport à nous-mêmes nous aident à nous régler aussi par rapport aux autres hommes. Les lois dont la société est armée n'ont de force que pour empêcher les hommes de violer la justice et leurs devoirs envers les autres. Celui donc qui, sans enfreindre les lois, les élude par ruse ou par adresse, blesse les intérêts de tous, : il se rend indigne de leur bienveillance et de leur estime ; et celui qui viole ouvertement les lois se déclare en état de guerre avec la société. Un peuple ne peut conserver un gouvernement libre et le bonheur de la liberté que par une adhésion ferme et constante aux règles de la justice, de la modération, de la

tempérance, de la frugalité, de l'économie et de la
vertu.

APHORISME XVIII.

En quoi consistent les devoirs des enfans.

L'enfant, à tout âge, doit honneur et respect
à ses père et mère ; il reste sous leur autorité
jusqu'a sa majorité ou son émancipation. Les
enfans doivent des alimens à leurs père et
mère et autres ascendans qui sont dans le besoin (1).

APHORISME XIX.

En quoi consistent les devoirs des époux.

Les époux se doivent mutuellement fidélité,
secours, assistance. Le mari doit protection à
sa femme, la femme obéissance à son mari. La
femme est obligée d'habiter avec le mari, et de
le suivre partout où il juge à propos de rési-
der ; le mari est obligé de la recevoir, et de
lui fournir tout ce qui est nécessaire pour les
besoins de la vie, selon ses facultés et son
état. Les époux contractent ensemble, par le

---

(1) N'ayant pas trouvé ici dans le législateur même de
développement, ainsi que pour plusieurs des Aphorismes
qui suivent, je les ai laissés sans *corollaires*, pour que
cette doctrine fût purement textuelle.

fait seul du mariage, l'obligation de nourrir, entretenir et élever leurs enfans (1).

APHORISME XX.

Du caractère des obligations privées.

Les conventions obligent non-seulement à ce qui y est exprimé, mais encore à toutes les suites que l'équité, l'usage ou la loi donnent à l'obligation d'après sa nature; et on ne peut déroger, par des conventions particulières, aux lois qui intéressent l'ordre public et les bonnes mœurs.

Corollaire. Toute personne peut contracter, si elle n'en est pas déclarée incapable par la loi. Les conventions légalement formées tiennent lieu de loi à ceux qui les ont faites; elles ne peuvent être révoquées que de leur consentement mutuel, ou pour les causes que la loi autorise : elles doivent être exécutées de bonne foi. L'obligation sans cause, ou sur une fausse cause, ou sur une cause illicite, ne peut avoir aucun effet.

APHORISME XXI.

Que tout dommage emporte réparation.

Tout fait quelconque de l'homme qui cause à autrui un dommage, oblige celui par la faute duquel il est arrivé, à le réparer.

---

(1) « La loi ne considère le mariage que comme un contrat civil. Il n'y a pas de mariage lorsqu'il n'y a pas de consentement. » *Loi civile française.*

Corollaire. Chacun est responsable du dommage qu'il a causé non-seulement par son fait, mais encore par sa négligence ou par son imprudence (1).

---

§ III. LOI ET SES CARACTÈRES.

APHORISME XXII.

Que la loi est l'expression de la volonté générale.

La loi est l'expression libre et solennelle de la volonté du peuple, exprimée par la majorité des citoyens ou de leurs représentans.

Corollaire. Les citoyens ne peuvent être soumis à d'autres lois qu'à celles qu'ils ont librement consenties par eux ou par leurs représentans, et c'est dans ce sens que la loi est l'expression de la volonté générale. Aucun corps délégué n'a le droit que de faire des réglemens amovibles.

APHORISME XXIII.

Que la loi est égale pour tous.

La loi est la même pour tous, soit qu'elle protége ou qu'elle punisse, soit qu'elle récompense ou qu'elle réprime.

Corollaire. La loi doit être égale pour tous. Si

---

(1) Je n'ai pas cru faire une chose étrangère à la nature de ces *aphorismes*, en puisant pour ces quatre derniers, dans nos lois civiles, quelques règles pour la conduite dans la vie domestique, qui est inséparable de la vie sociale.

les hommes ne sont pas égaux en *moyens*, c'est-à-dire en richesses, en esprit, en force, etc., il ne suit pas qu'ils ne soient pas tous égaux en *droits*. Devant la loi, tout homme en vaut un autre; elle les protége tous, sans distinction. La loi n'a pour objet que l'intérêt commun : elle ne peut donc accorder aucun privilége à qui que ce soit ; et s'il est établi des priviléges, ils doivent être abolis à l'instant, quelle qu'en soit l'origine (1). Puisque la loi oblige également les citoyens, elle doit punir également les coupables.

APHORISME XXIV.

Que la loi seule oblige.

Tout citoyen est également soumis à la loi,

______

(1) C'est ce que fit l'*Assemblée constituante* lorsqu'elle abolit irrévocablement les institutions qui blessaient la liberté et l'égalité des droits, en écrivant en tête de sa constitution : « Il n'y a plus ni noblesse, ni pairie, « ni distinctions héréditaires, ni distinctions d'ordres, ni « régime féodal, ni justices patrimoniales, ni aucun des « titres, dénominations et prérogatives qui en dérivaient, « ni aucun ordre de chevalerie, ni aucune des corpora- « tions ou décorations pour lesquelles on exigeait des « preuves de noblesse, ou qui supposaient des distinctions « de naissance, ni aucune autre supériorité que celles des « fonctionnaires publics dans l'exercice de leurs fonctions. « Il n'y a plus ni vénalité ni hérédité d'aucun office « public. Il n'y a plus, pour aucune partie de la nation, « ni pour aucun individu, aucun privilége ni excep- « tion au droit commun de tous les Français. Il n'y a « plus ni jurandes, ni corporations de profession, arts et « métiers. La loi ne reconnaît plus ni vœux religieux, ni « aucun autre engagement qui serait contraire aux droits « naturels ou à la constitution. »

et nul n'est obligé d'obéir à une autre autorité que celle de la loi.

Corollaire. Tout ce qui n'est pas défendu par la loi est permis et ne peut être empêché, et nul ne peut être contraint à faire ce qu'elle n'ordonne pas.

APHORISME XXV.

Que la loi protége.

La loi doit protéger la liberté publique et individuelle contre l'oppression de ceux qui gouvernent.

Corollaire. La loi étant l'expression de la volonté générale, doit être générale dans son objet, et tendre toujours à assurer à tous les citoyens la liberté, l'égalité et la propriété.

APHORISME XXVI.

Que la loi doit ordonner ce qui est juste et défendre ce qui est nuisible.

La loi ne peut ordonner que ce qui est juste et utile à la société; elle ne peut défendre que ce qui lui est nuisible.

Corollaire. Ce qui est juste ou utile à tous peut seul être commandé par la loi, et ce qui est injuste ou nuisible à tous peut seul être défendu par elle. Mais si, dans l'ordre civil et politique, tout ce qui n'est pas défendu est permis, il y a des actions permises qui ne sont pas honnêtes dans l'ordre moral.

APHORISME XXVII.

Que la loi qui viole les droits étant tyrannique n'est pas loi.

Toute loi qui viole les droits imprescriptibles de l'homme est essentiellement injuste et tyrannique; elle n'est point loi.

Corollaire. Dans tout État libre, la loi doit surtout défendre la liberté publique et individuelle contre l'abus de ceux qui gouvernent. Toute institution qui ne suppose pas le peuple bon, et le magistrat corruptible, est vicieuse.

APHORISME XXVIII.

Que les lois doivent être claires, précises, uniformes.

C'est par des lois claires, précises, uniformes pour tous les citoyens, que les droits peuvent être protégés, les devoirs tracés, et les actions nuisibles punies.

APHORISME XXIX.

Que les lois doivent être humaines.

La loi ne doit établir et décerner que des peines strictement et évidemment nécessaires. Les peines doivent être proportionnées au délit et utiles à la société.

Corollaire. La peine de mort est abolie pour tous les délits privés. Il faut éviter les lois qui ordonnent l'effusion du sang, autant que la sûreté de l'État peut le permettre; et il ne doit être, pour aucun cas, ni dans aucun sens, fait de loi pour infliger des peines ou amendes cruelles et inusitées (1).

APHORISME XXX.

Que la loi doit établir l'égalité des peines.

Les mêmes délits sont punis des mêmes peines, sans aucune distinction des personnes.

Corollaire. Les peines ne doivent point être arbitraires, mais déterminées par les lois, et elles doivent être absolument semblables pour tous les citoyens, quels que soient leur rang et leur fortune.

APHORISME XXXI.

Que la loi doit reconnaître la personnalité des délits et des peines.

Les délits et les peines sont personnels, et les lois n'attachent aucune flétrissure à la famille du condamné.

Corollaire. Les délits et les crimes étant personnels, le supplice d'un coupable et les condamnations infamantes quelconques n'impriment aucune flétrissure à sa famille : l'honneur de ceux qui lui appartiennent n'est nullement entaché, et tous

---

(1) « La sévérité des lois ne sert qu'à maintenir l'apparence de la liberté avec la réalité de l'esclavage ; les lois douces sont seules compatibles avec la véritable liberté, avec celle qui répand également ses bienfaits sur un peuple entier. » CONDORCET, *Tableau des progrès de l'esprit humain.*

continueront à être admissibles à toutes sortes de professions, d'emplois, de dignités (1).

APHORISME XXXII.

Que la loi ne peut ordonner de confiscation.

La confiscation des biens des condamnés ne peut jamais être prononcée dans aucun cas.

Corollaire. Il ne doit y avoir confiscation d'aucune partie des biens d'un homme pour aucun crime (2).

APHORISME XXXIII.

Que les lois n'ont point d'effet rétroactif.

Aucune loi, ni publique, ni civile, ni pénale, ne peut avoir d'effet rétroactif.

Corollaire. La loi n'a d'effet que depuis qu'elle existe. Jamais la loi ne peut être invoquée pour des faits antérieurs à sa publication; et si elle était rendue pour déterminer le jugement de ces faits antérieurs, elle serait oppressive et tyrannique.

---

(1) Dans son Code des Lois civiles, le législateur français a de plus ordonné que « le corps du supplicié soit « délivré à sa famille si elle le demande; que, dans tous « les cas, il soit admis à la sépulture ordinaire, et qu'il « ne soit fait sur le registre aucune mention du genre de « mort. » Disposition qui honore autant le législateur que le peuple pour qui de telles lois sont rendues.

(2) Le législateur américain (État de Maryland) l'a seulement maintenue pour la *trahison contre l'État* et le *meurtre.* Je ne l'admettrais que dans le premier cas, car il y a eu péril pour la société entière, et le fruit du crime du coupable ne doit profiter à sa famille.

§ IV. SOUVERAINETÉ ET SES EFFETS.

APHORISME XXXIV.

Que le peuple est le principe de la souveraineté.

La souveraineté réside essentiellement dans le peuple entier, et chaque citoyen a un droit égal de concourir à son exercice.

Corollaire. Le principe de toute souveraineté réside essentiellement dans la nation : nul corps, nul individu, ne peut exercer d'autorité qui n'en émane expressément (1).

---

(1) L'indivisibilité est la qualité essentielle de la souveraineté dans son principe, sans quoi elle n'est pas ou cesse d'être, et dans son exercice, pour que son exercice ait son effet unique de puissance autant que de volonté, et cette tendance uniforme à un même résultat. Or, par le système fédératif, son exercice n'a plus cette homogénéité d'existence qui fait sa puissance, et la force d'action dans tout corps organisé, par cela même que son exercice résulte d'organes qui, ne faisant un tout d'action, s'affaiblissent dans leur partage au concours d'une action commune. Cette indivisibilité résulte de *l'unité territoriale*, principe naturel d'existence de toute société politique, condition première de sa durée, tendance inévitable de tout peuple par la civilisation. L'Assemblée constituante et la convention nationale étaient bien pénétrées de ce grand principe, lorsque, formant une patrie commune de provinces réunies par succession de temps et restées fédératives, elles ordonnèrent formellement dans leurs constitutions que le *territoire français*

APHORISME XXXV.

*Que la souveraineté est une et indivisible,
imprescriptible et inaliénable.*

La souveraineté est une et indivisible, imprescriptible et inaliénable. Aucune portion
du peuple ne peut exercer la puissance du
peuple entier ; mais chaque section du souverain assemblée doit jouir du droit d'exprimer sa volonté avec une entière liberté.

Corollaire. La souveraineté est dans l'universalité des citoyens. Chaque section du souverain est
essentiellement indépendante de toutes autorités
constituées, et maîtresse de régler sa police et ses
délibérations : le vœu qu'elle exprime doit être respecté, comme le vœu d'une portion du peuple, qui
doit concourir à former la volonté générale.

APHORISME XXXVI.

*Que l'usurpation de la souveraineté doit être
punie.*

Tout individu qui usurpe la souveraineté
doit être mis à mort.

était un et indivisible. Là fut, avec la force de résistance
de la France contre les ennemis de son indépendance et
de sa révolution, l'action homogène, pleine et entière de
sa souveraineté populaire. Les résultats en furent et sont
incalculables : c'est la roche de granit contre laquelle se
brisent les attaques intérieures et les efforts extérieurs ;
c'est le foyer électrique qui vit de son point unique de
force d'agglomération, et porte au loin les puissantes com-
motions de son fluide.

Corollaire. Celui qui opprime une seule nation se déclare l'ennemi de toutes.

----

§ V. CONSTITUTION.

APHORISME XXXVII.

Que c'est au peuple à faire la constitution et à instituer le gouvernement.

Le peuple a le droit incontestable, inaliénable et imprescriptible de faire la constitution et d'instituer le gouvernement.

Corollaire. Le corps politique est formé par une association volontaire d'individus. C'est un contrat social par lequel le peuple entier convient avec chaque citoyen, et chaque citoyen avec le peuple entier, que tous seront gouvernés par certaines lois pour l'avantage commun. Toute société ne peut être que l'ouvrage libre d'une convention entre tous les associés.

APHORISME XXXVIII.

En quoi la constitution diffère des lois.

La constitution embrasse la formation et l'organisation intérieure des différens pouvoirs publics, leur correspondance nécessaire, leur indépendance réciproque, les précautions politiques dont il faut les entourer, afin que, toujours utiles, ils ne puissent jamais se rendre dangereux. Une constitution suppose, avant tout, un pouvoir constituant.

5

Corollaire. La constitution est différente de la législation : elle détermine l'exercice de la puissance législative et celui de la force exécutrice; la législation n'est que la branche de la constitution. La constitution ne peut être fixée, changée ou modifiée que par le pouvoir constituant, c'est-à-dire par la nation elle-même, ou par le corps des représentans qu'elle en a chargés par un mandat spécial. La législation est exercée par le pouvoir constitué, c'est-à-dire par les députés que la nation nomme dans les temps et selon les formes que la constitution a fixés (1).

APHORISME XXXIX.

Ce qui constitue la bonté de la constitution.

La constitution est bonne si les pouvoirs sont tellement ordonnés, qu'ils ne puissent ni se confondre, ni usurper l'un sur l'autre, et si la force exécutrice est tout à la fois assez grande pour que son action légitime ne puisse être arrêtée, et assez subordonnée à la puissance législative, pour que le gouvernement et ses agens ne puissent violer impunément les lois.

---

(1) Outre le caractère de différence, essentiellement exact, que le législateur français fait dériver ici du pouvoir constituant et du pouvoir constitué, j'ajouterai que la définition, tout à la fois naturelle et simple, de la constitution et des lois, est celle-ci : La constitution est l'*établissement politique* d'un peuple, et les lois ou la législation sont les *règles des besoins et des rapports civils en société*, règles qui ont leur *racine* politique dans la constitution.

Corollaire. Tous les pouvoirs publics viennent du peuple, et n'ont pour objet que l'intérêt du peuple. Le peuple doit, eu formant une constitution de gouvernement, pourvoir à une manière équitable de faire les lois, ainsi qu'aux précautions nécessaires pour que ces lois soient interprétées avec impartialité et fidèlement exécutées, afin que tout homme puisse dans tous les temps jouir par elles de sa sûreté. La société doit organiser et régler les pouvoirs qu'elle délègue, de manière à produire, autant qu'il est possible, la convergence et l'accord des volontés particulières, à faire dériver l'intérêt général de l'intérêt individuel. Le gouvernement est institué pour l'avantage commun, pour la protection et la sûreté du peuple : de toutes les diverses méthodes ou formes de gouvernement, la meilleure est celle qui peut procurer au plus haut degré le bonheur et la sûreté, et qui est le plus réellement assuré contre le danger d'une mauvaise administration. Ainsi la constitution des pouvoirs publics doit être telle, que toujours actifs, toujours propres à remplir leur destination, ils ne puissent jamais s'en écarter au détriment de l'intérêt social.

APHORISME XL.

Que le peuple a le droit de réformer ou de changer sa constitution et le gouvernement.

Un peuple a toujours le droit de revoir, de réformer et de changer sa constitution et son gouvernement. Une génération ne peut assujétir à ses lois une génération future.

Corollaire. Tous les pouvoirs auxquels une nation se soumet émanent d'elle ; nul corps, nul indi-

vidu ne peut avoir d'autorité qui n'en dérive expressément. Toute association politique a donc le
droit inaliénable d'établir, de modifier ou de changer la constitution, c'est-à-dire la forme de son
gouvernement, la distribution et les bornes des
différens pouvoirs qui le composent. Le but de
l'institution, du maintien et de l'administration
d'un gouvernement, est d'assurer l'existence du
corps politique, de le protéger, et de procurer aux
individus qui le composent la faculté de jouir en
sûreté et avec tranquillité de leurs droits naturels
et d'une vie heureuse ; et toutes les fois que ces
grands objets du gouvernement ne sont pas rem-
plis, le peuple a le droit de changer le gouvernement par un acte de la volonté commune, et de
prendre les mesures qui lui paraissent nécessaires
pour procurer sa sûreté et son bonheur.

APHORISME XLI.

Qu'une convention est nécessaire pour modifier ou changer la constitution.

Une convention est convoquée toutes les
fois qu'il s'agit de réformer l'acte constitutionnel, de changer ou de modifier quelques-unes
de ses parties, ou d'y ajouter quelque disposition nouvelle.

Corollaire. Tout changement à la constitution
est un droit du pouvoir constituant ; aucun des
pouvoirs institués par la constitution n'a le droit
de la changer dans son ensemble ni dans ses parties.
Il n'y a que par voie de révision que les réformes
peuvent y être faites (1).

---

(1) Du principe incontestable que le peuple a le droit

APHORISME XLII.

*Que le recours fréquent aux principes fonda-
mentaux est nécessaire à la liberté.*

Il est nécessaire de recourir fréquemment
aux principes fondamentaux, pour conserver
les avantages inappréciables de la liberté.

Corollaire. Un recoúrs fréquent aux principes
fondamentaux de la constitution est absolument

---

de modifier ou de changer sa constitution, parce que la
constitution est l'œuvre de sa volonté, il résulte que si
cette œuvre existe bien pour lui tant qu'il ne change pas
de volonté, la constitution devenant l'héritage de la
génération suivante, cette génération est libre à son tour
de conserver son héritage tel qu'elle l'a reçu où de le dénaturer. La seule difficulté pourrait donc être seulement
dans l'application du principe, c'est-à-dire dans le mode
de *révision.* Rappelons d'abord, comme mémoire à leur
haute pensée, que la constituante et la convention recon-
nurent la nécessité prévisionnelle de la révision dans les
constitutions qu'elles avaient données à la France. Ces
deux législatrices étaient, en cela, conséquentes avec le
principe de la souveraineté populaire qu'elles avaient posé.
Mais la convention nationale fut rigoureusement fidèle à
ce principe, et seulement dans sa constitution de 1793,
faite sous l'inspiration de la démocratie, le seul mode naturel de l'organisation politique et qui réponde exactement à la nature et au but des sociétés humaines. Cette
constitution statuait que, « si, dans la moitié des départe-
« mens, plus un, le dixième des assemblées primaires de
« chacun d'eux, régulièrement formées, demande la ré-
« vision de l'acte constitutionnel, ou le changement de
« quelques-uns de ses articles, le corps législatif est tenu
« de convoquer toutes les assemblées primaires de la ré-
« publique, pour savoir s'il y a lieu à une convention na-
« tionale. » En effet, c'est ici le peuple lui-même, dans

nécessaire pour conserver les avantages de la liberté, et pour maintenir un gouvernement libre.
Le peuple doit, en conséquence, faire une attention
particulière à ces principes dans le choix de ses
officiers et de ses représentans; et il a le droit d'exiger de ses législateurs et de ses magistrats qu'ils
les observent exactement et constamment dans
la confection et l'exécution de toutes les lois nécessaires pour la bonne administration de la république (1).

---

une de ses fractions, qui manifestait la volonté de la révision. Quand, au contraire, l'Assemblée constituante, dans
sa constitution de 1791, établissait la révision d'après le
vœu uniforme de trois législatures consécutives; quand
la Convention nationale, si différente d'elle-même dans sa
constitution de l'an III, laissait au conseil des Anciens à
proposer la révision, et au conseil des Cinq-Cents à la
ratifier, ces deux assemblées législatrices s'écartèrent
réellement de l'application du principe de la souveraineté
du peuple, en abandonnant la manifestation directe de sa
volonté à des corps constitués par cette même volonté,
dans un cas où le bon sens politique n'admet et ne saurait
admettre d'intermédiaire pour cette manifestation. Quant
au mode de révision, la constitution de 1793 ordonnait
une convention nationale formée de la même manière que
les législatures, réunissant les mêmes pouvoirs, et ne
s'occupant, relativement à la constitution, que des objets
qui auraient motivé sa convocation. La constitution de
l'an III ordonnait, dans les mêmes limites, une assemblée
formée de deux membres par département; tandis que,
par la constitution de 1791, l'assemblée de révision était
formée par l'adjonction de 249 membres à la quatrième
législature qui suivait les trois législatures qui avaient admis la révision, sous la seule réserve que les membres de
la troisième législature, qui aurait demandé le changement, ne pourraient être élus à l'assemblée de révision.

(1) « La constitution garantit à tous les Français l'éga-

§ VI. DROIT DE CITÉ.

APHORISME XLIII.

Que le droit de cité constitue le citoyen.

La qualité de citoyen ne s'acquiert et ne se conserve qu'en se conformant à la loi constitutionnelle, et l'exercice des droits civils est indépendant de cette qualité (1).

« lité, la sûreté, la propriété, le libre exercice des cultes, « une instruction commune, des secours publics, la liberté « indéfinie de la presse, le droit de pétition, le droit de « se réunir en sociétés populaires, la jouissance de tous « les droits de l'homme. » *Constitution de* 1793.

(1) Les constitutions nationales françaises avaient ainsi réglé l'*état de citoyen* : « Est citoyen français tout « homme né en France d'un père français, qui, résidant « en France et âgé de vingt-et-un ans accomplis, s'est « fait inscrire sur le registre civique de son canton, qui a « demeuré depuis pendant une année sur le territoire « français et qui paie une contribution, ou qui, né en « pays étranger d'un père français, est venu s'établir en « France : une disposition accidentelle comprenait, sans « condition de contribution, les Français ayant fait une « ou plusieurs campagnes pour l'établissement de la répu- « blique. Ces constitutions admettaient au rang de citoyen « et à l'exercice des droits de cité, l'étranger âgé de vingt- « et-un ans accomplis, qui, domicilié en France depuis « une année, et ayant déclaré l'intention de s'y fixer, y « vivait de son travail ou acquérait une propriété, ou pos- « sédait un établissement d'agriculture, d'industrie ou de « commerce, ou épousait une Française, ou adoptait un « enfant, ou nourrissait un vieillard, ou qui était jugé par « le corps législatif avoir bien mérité de l'humanité.

« L'exercice des droits de citoyen se perdait par la na-

APHORISME XLIV.

Que les droits de cité sont égaux.

Tout citoyen a droit aux avantages communs qui peuvent naître de l'état de société.

Corollaire. La société doit répandre le plus uniformément possible le bonheur et les jouissances sur tous les membres qui la composent. Tout privilége qui ne serait pas le prix immédiat du mérite et de la vertu, doit être proscrit. Tout gouvernement doit tendre, autant qu'il est possible, à l'égalité parfaite des citoyens. L'égalité civile n'est pas l'égalité des propriétés ou des distinctions; elle con-

---

« turalisation en pays étranger ; par la condamnation à
« des peines emportant la dégradation civique, jusqu'à
« la réhabilitation ; par l'acceptation de fonctions ou fa-
« veurs dans un gouvernement étranger non populaire, ou
« par l'affiliation à toute corporation étrangère qui sup-
« poserait des distinctions de naissance, ou qui exigerait
« des vœux de religion.

« L'exercice des droits de citoyen était suspendu par
« l'état d'accusation ; par un jugement de contumace,
« tant que le jugement n'était pas anéanti ; par l'interdic-
« tion judiciaire pour cause de fureur, de démence ou
« d'imbécillité ; par l'état de débiteur failli, ou d'héritier
« immédiat, ou détenteur à titre gratuit de tout ou par-
« tie de la succession d'un failli ; par l'état de domesti-
« que à gages, attaché au service de la personne ou du
« ménage. »

La constitution de l'an III avait de plus établi que tout citoyen qui aurait résidé sept années consécutives hors du territoire de la république, sans mission ou autorisation donnée au nom de la nation, était réputé étranger, et il ne redevenait citoyen français qu'après avoir satisfait aux conditions imposées à l'étranger.

siste en ce que tous les citoyens sont également
obligés de se soumettre à la loi, et ont un droit
égal à la protection de la loi.

APHORISME XLV.

*Que tout citoyen est admissible aux fonctions
publiques.*

Tous les citoyens étant égaux aux yeux de
la loi, sont admissibles à toutes les fonctions
publiques, sans aucune autre distinction que
celle des vertus et des talens, sans aucun autre titre que la confiance du peuple.

Corollaire. Tous les citoyens sont également admissibles à tous emplois, selon la mesure de leurs
talens et de leur capacité. Nul citoyen ne doit être
exclu d'aucune place, pour raison de ce qu'un stu-
pide et insolent préjugé a long-temps appelé défaut
de naissance. Il faut, pour toute espèce de service
public, préférer les plus capables.

APHORISME XLVI.

*Que tout citoyen a droit d'élire aux fonctions
publiques.*

Chaque citoyen a un droit égal de concourir
à la nomination de ses mandataires et de ses
magistrats.

Corollaire. Toutes les élections doivent être libres, et tout homme vivant de son travail, ayant
un intérêt commun et permanent avec la communauté, donnant preuve suffisante de l'attachement,
qui en est la suite, pour l'avantage général de la
communauté, y a droit de suffrage. Tout habitant

ayant donc les qualités requises par la forme du gouvernement, a un droit égal à élire ses officiers (1).

APHORISME XLVII.

Que la bonté des choix fait la stabilité de la chose publique.

Les citoyens doivent se rappeler sans cesse que c'est de la sagesse des choix dans les assemblées électorales que dépendent principalement la durée, la conservation et la prospérité de la république.

---

(1) La constitution démocratico-monarchique de 1791 non-seulement divisait les citoyens en actifs et passifs, mais encore elle n'avait établi les assemblées primaires que pour déléguer le droit de cité d'élection à des colléges électoraux, pour tous les cas où elle accordait ce droit aux citoyens. La constitution semi-républicaine de l'an III avait du moins plus accordé aux assemblées primaires, en leur donnant l'acceptation ou le rejet des changemens à l'acte constitutionnel par les assemblées de révision, la nomination des juges de paix et de leurs assesseurs, des présidens des administrations municipales du canton, des officiers municipaux, des agens communaux et de leurs adjoints; mais elle avait réservé à des assemblées électorales les nominations législatives, administratives et judiciaires. La constitution de 1793, plus franchement démocratique, avait laissé directement au peuple toutes les élections, excepté celles d'administrateurs, d'arbitres publics, de juges criminels et de cassation; mais les rédacteurs de cette constitution avaient pressenti le reproche fondé d'être contrevenus au grand principe social de l'exercice immédiat de la souveraineté dans les citoyens, qui ne souffre pas de limitation en bonne application, quand ils ont dit : « Qu'on ne nous reproche pas d'avoir

Corollaire. Le gouvernement est institué pour le bien commun, pour la protection, la sûreté, la prospérité et le bonheur du peuple, et non pas pour le profit, l'honneur ou l'intérêt particulier d'un homme, d'une famille, d'une classe d'hommes.

APHORISME XLVIII.

Que les élections doivent être fréquentes.

Les élections doivent être fréquentes pour réparer les maux qui peuvent se faire, et pour corriger et fortifier les lois.

« conservé des assemblées électorales. Après avoir rendu « un hommage si entier à la souveraineté du peuple et à « son droit d'élection, nous avons cru essentiel d'établir « une forte différence entre la représentation, d'où dépen- « dent les lois et les décrets, en un mot, la destinée de « la république, et la nomination de ce grand nombre de « fonctionnaires publics à qui, d'une part, il est indis- « pensable de faire sentir leur dépendance dans leur ori- « gine et dans leurs fonctions, tandis que, de l'autre, le « peuple lui même doit reconnaître que la plupart du « temps il n'est pas en état de les choisir, soit parce que « dans les cantons on ne connaît pas un assez grand nom- « bre d'individus capables, soit parce que leurs fonctions « ne sont pas d'un genre simple et unique, soit enfin parce « que le recensement de leurs scrutins consacrerait trop de « peines et de délais. » Cette dérogation au grand principe social de l'exercice direct de la souveraineté populaire ve- nait de ce que la convention avait établi les assemblées primaires par cantons, au lieu d'en modifier l'établisse- ment par cantons ou par communes, comme le veut l'u- nité de principe, d'après la différence des fonctions et des élections qui en constituent l'essence.

Corollaire. La jouissance par le peuple du droit de participer activement à la législation, est le gage le plus assuré de la liberté, et le fondement de tout gouvernement libre : pour remplir ce but, les élections doivent être libres et fréquentes.

APHORISME XLIX.

Que les citoyens ont le droit de s'assembler.

Le peuple a droit de s'assembler d'une manière paisible et en bon ordre, pour consulter sur ce qui intéresse le bien commun. Il a droit de donner des instructions à ses représentans, et de requérir du corps législatif, par la voie d'adresses, de pétitions ou de remontrances, le redressement des torts qui lui ont été faits, et le soulagement des maux qu'il souffre.

Corollaire. On ne saurait, sans attenter aux droits des citoyens, les priver de la faculté de s'assembler dans la forme légale, pour consulter sur la chose publique, pour donner des instructions à leurs mandataires, ou pour demander le redressement de leurs griefs. Le droit de s'assembler paisiblement, le droit de manifester ses opinions, par la voix de l'impression, soit de toute autre manière, sont des conséquences si nécessaires de la liberté de l'homme, que la nécessité de les énoncer suppose ou la présence ou le souvenir récent du despotisme.

APHORISME L.

Que le citoyen a droit d'avoir des armes.

Tout citoyen a le droit de s'armer pour sa

propre défense ; et dans un danger imminent pour lui ou pour la chose publique, il a celui de repousser la force par la force.

Corollaire. Tout citoyen a le droit d'avoir chez lui des armes, et de s'en servir, soit pour la défense commune, soit pour sa propre défense, contre toute oppression illégale qui mettrait en péril la vie ou la liberté d'un ou de plusieurs citoyens. Il est permis à tout homme de repousser la force par la force, à moins qu'elle ne soit employée en vertu de la loi.

APHORISME LI.

Le droit de pétition ne peut être interdit ni limité.

Le droit de présenter des pétitions aux dépositaires de l'autorité publique, ne peut, en aucun cas, être interdit, suspendu, ni limité.

Corollaire. Le droit de présenter des pétitions aux dépositaires de l'autorité publique appartient à tout individu. Ceux à qui elles sont adressées doivent statuer sur les points qui en sont l'objet ; mais ils ne peuvent jamais ni en interdire, ni en restreindre, ni en condamner l'exercice.

APHORISME LII.

Que l'emploi libre de la personne est de droit de cité.

La constitution garantit, comme droit naturel, la liberté à tout homme d'aller, de rester, de partir sans pouvoir être arrêté, de renoncer au pays, de disposer de sa personne.

Corollaire. Tous les hommes ont un droit naturel et essentiel à aller, à s'établir où bon leur semble, à quitter l'état dans lequel ils vivent, pour s'établir dans un autre qui veut les recevoir, ou à former un état nouveau dans des pays vacans ou des pays qu'ils achètent, toutes les fois qu'ils croient par-là se procurer le bonheur. Libre dans ses actions, le citoyen peut donc voyager, transporter son domicile où il lui plaît, sortir même de l'enceinte de l'état, se faire naturaliser en pays étranger. Tout citoyen a également le droit de vie et de mort sur lui-même.

APHORISME LIII.

Que l'emploi libre des facultés est de droit de cité.

La libre communication des pensées et des opinions est un des droits les plus précieux de l'homme, et les lois ne peuvent l'en priver.

Nul genre de travail, de culture, de commerce, ne peut être interdit à l'industrie des citoyens, et il n'y a ici limitation ni à la liberté de commerce, ni à l'exercice de l'industrie et des arts de toute espèce : seulement, la loi surveille en particulier les professions qui intéressent les mœurs publiques, la sûreté et la santé des citoyens; mais on ne peut faire dépendre l'admission à l'exercice de ces professions d'aucune prestation pécuniaire.

Corollaire. La liberté de la presse est le plus

ferme appui et un des plus forts boulevarts de là liberté publique, et ne peut être restreinte que dans les gouvernemens despotiques : les lois doivent la maintenir en la conciliant avec les moyens propres à assurer la punition de ceux qui pourraient en abuser pour répandre des calomnies contre des citoyens Ainsi, libre dans ses pensées et dans leur manifestation, le citoyen a le droit de les répandre par la parole, par l'écriture, par l'impression, sous la réserve expresse de ne point donner atteinte aux droits d'autrui : les lettres, en particulier, doivent être sacrées. Tout citoyen a également le droit d'acquérir, de posséder, de fabriquer, d'employer ses facultés et son industrie, de faire le commerce, et de disposer à son gré de ses propriétés comme il le juge le plus convenable à son intérêt et à son bonheur, mais sans préjudicier à d'autres.

APHORISME LIV.

La détention et l'accusation selon les lois est un droit de cité.

Nul ne peut être arrêté ou emprisonné qu'en vertu de la loi, avec les formes qu'elle a prescrites, et dans les cas qu'elle a prévus. Aucun homme ne peut être jugé que dans le ressort qui lui a été assigné par la loi.

Corollaire. Comme tout citoyen a un droit égal à défendre sa vie, son honneur et sa propriété, nul moyen de défense ne doit être accordé à l'un exclusivement à l'autre. Tout citoyen a droit à la justice la plus impartiale, la plus exacte et la plus prompte, tant pour sa personne que pour sa chose. Nul ne doit être appelé en justice, saisi et emprisonné, que dans les cas prévus et dans les formes déterminées par la loi. Tout ordre arbitraire ou illégal est nul ; celui ou ceux contre qui de pareils ordres sont donnés, ont le droit de repousser la violence par la violence ; mais tout citoyen appelé ou saisi au nom de la loi doit obéir à l'instant, et se rend coupable par la résistance. Tout citoyen doit obéir religieusement aux magistrats lorsqu'ils sont les organes ou les exécuteurs de la loi.

APHORISME LV.

La liberté de religion et de culte est un droit de cité.

Aucun ne doit être troublé, molesté, ni contraint dans sa personne, dans sa liberté ni dans ses biens, pour le culte qu'il suit de la manière et dans le temps les plus convenables à ce que lui dicte sa conscience, ni pour ses sentimens en matière de religion, ni pour la religion qu'il professe, pourvu qu'il ne trouble pas la tranquillité publique, et qu'il n'apporte aucun empêchement au culte religieux des autres.

Corollaire. Tous les hommes ont le droit naturel et inaliénable d'avoir une croyance, de suivre leur religion et de professer leur culte de la manière qui leur est dictée par leur conscience et leurs lumières : aucun homme ne doit ni ne peut donc être contraint à pratiquer ou à embrasser une forme particulière de culte religieux, à entretenir ou à établir un lieu particulier du culte, ni à soudoyer des ministres de religion contre son gré, ou sans son propre et libre consentement. Aucun homme ne peut être justement privé d'aucun droit. civil, comme citoyen, ni attaqué en aucune manière, à raison de ses sentimens en matière de religion, ou de la forme particulière de son culte; aucune puissance dans l'état ne peut ni ne doit être revêtue, ni s'arroger l'exercice d'une autorité qui puisse, en aucun cas, lui permettre de troubler ou de gêner le droit de la conscience en matière de religion ou dans le libre exercice du culte religieux (1).

APHORISME LVI.

Qu'aucun citoyen n'a droit à des avantages autres que ceux résultant des services.

Aucun homme, aucune corporation, aucune association d'hommes, ne peuvent avoir, pour obtenir des avantages ou des priviléges particuliers et exclusifs, distincts de ceux de la communauté, d'autres titres que ceux qui résultent de la considération de services rendus au public : or, ces titres n'étant, par leur

---

(1) Sans doute, la liberté de croyance, en matière religieuse, comme en toute autre matière, étant un droit naturel, les législateurs français et américain ont dû l'énoncer dans leurs déclarations des droits ; mais dans la progression de l'esprit humain, la philosophie a nécessairement aujourd'hui une autre mission à remplir que la tolérance religieuse, celle de détruire, par l'instruction, la religion dans les esprits : voilà le but où la philosophie doit tendre, parce qu'il est le terme où la tolérance conduit inévitablement la raison pour le bien de l'humanité.

nature, ni héréditaires, ni transmissibles à des enfans, à des descendans ou à des parens, l'idée d'un homme né magistrat, législateur ou juge, est absurde et contre nature.

Corollaire. La société a le droit d'exiger que chacun de ses membres contribue, autant qu'il est en son pouvoir, à la prospérité publique, pourvu qu'elle n'établisse ou ne laisse subsister aucune exemption ni privilége. Aucun homme ni aucune collection d'hommes ne peuvent avoir droit à des émolumens ou à des priviléges distincts ou exclusifs, qu'en considération de services rendus au public. Les substitutions perpétuelles et les priviléges exclusifs sont contraires au génie d'un gouvernement libre, et on ne doit pas en accorder (1).

§ VII. LÉGISLATURE ET SES DROITS.

APHORISME LVII.

Que la puissance législative appartient à la législature.

Au corps législatif seul appartient l'exercice plein et entier de la puissance législative : elle est déléguée à une assemblée une et indivisi-

---

(1) Les aphorismes de ce paragraphe, comprenant les droits de cité, ne sont que les applications des aphorisme iv à xv, § 11. *Droits et devoirs.*

ble, composée de députés temporaires élus immédiatement par le peuple, pour être exercée par elle.

Corollaire. En toute société politique, ainsi que dans chaque homme, il y a une volonté et une action. L'action est désignée par la volonté. Ainsi la volonté générale, qui est la puissance législative, doit régir l'action du gouvernement ou la force exécutive. La loi ne peut être que l'expression de la volonté générale. Le bien commun de tous, et non l'intérêt particulier d'un homme ou d'une classe d'hommes quelconque, est le principe et le but de toutes les associations politiques. Une nation ne doit donc reconnaître d'autres lois que celles qui ont été expressément approuvées et consenties par elle-même ou par ses représentans, souvent renouvelés, légalement élus, toujours existans, fréquemment assemblés, agissant librement, selon les formes prescrites par la constitution. Un citoyen ne doit pas prétendre à avoir plus d'influence qu'un autre sur la formation de la loi.

APHORISME LVIII.

Que la population est la base de la représentation nationale.

La population est la seule base de la représentation nationale.

Corollaire. La loi doit être l'ouvrage d'un corps de représentans choisis pour un temps court, médiatement, par tous les citoyens qui ont à la chose publique intérêt avec capacité : ces deux qualités déterminent que la population est la base naturélle de la représentation. Tous les citoyens ont un droit égal de concourir à la formation de la loi (1).

APHORISME LIX.

Que la qualité de député à la législature est nationale et non de localité.

Les membres du corps législatif ne sont pas représentans du département qui les a nommés, mais de la nation entière, et il ne peut leur être donné aucun mandat. (2)

---

(1) L'Assemblée constituante avait donné à la représentation nationale les trois bases du *territoire*, de la *population* et de la *contribution directe*; et comme elle avait fixé le nombre des députés à 745, elle proportionna ce nombre à 247 pour le territoire, à 249 pour la population, et à 249 pour la contribution directe. Mais la Convention nationale, au contraire, d'un esprit tout démocratique, conséquemment plus avant dans la philosophie sociale, et d'ailleurs plus rationnelle par sa pensée progressive dans les lois même fondamentales qu'elle rendit, n'avait non-seulement admis que le principe naturel de la population, mais encore le principe nécessaire de l'éventualité, en établissant le nombre total des députés sur l'échelle d'un député à raison de quarante mille individus. Quand elle partagea ensuite, dans sa seconde constitution, le corps législatif en un conseil des Cinq-Cents et un conseil des Anciens composé de 250 membres, ce nombre, limité par cela même, fut en désaccord avec les mouvemens naturels de la population, tout en paraissant justifié par la dénomination et les attributions de chacun de ces conseils: tant il est vrai qu'il n'y a qu'inconvénient à s'écarter théoriquement ou pratiquement des principes naturels en tout ordre de faits que ce soit.

(2) Ce grand principe d'unité sociale est tout à la fois

APHORISME LX.

Qu'il est nécessaire que la législature s'assemble fréquemment.

La législature doit s'assembler fréquemment pour redresser les torts, pour corriger, fortifier et confirmer les lois, et pour en faire de nouvelles, suivant que le bien commun l'exige.

Corollaire. Le droit de faire et de changer les lois, et de redresser les griefs, n'appartient qu'au corps législatif; et un recours fréquent aux principes fondamentaux de la constitution est absolument nécessaire pour conserver les avantages de la liberté et pour maintenir un gouvernement libre (1).

---

une conséquence politique de l'unité territoriale et de nationalité, de l'homogénéité d'intérêts, et un élément fécond des progrès dans la science et dans l'art du régime en communauté.

(1) Par la constitution de 1791, chaque période de deux années formait une législature, les députés étant nommés pour deux ans. Par la constitution de 1793, la session n'était que d'une année, les députés n'étant nommés que pour un an. Par la constitution de l'an III, l'un et l'autre conseil étaient renouvelés par tiers chaque année, ce qui portait à trois ans les fonctions de députés. Par chacune de ces constitutions, la *permanence* du corps législatif était établie.

APHORISME LXI.

Que les fonctions législatives sont de deux espèces.

Le corps législatif propose des lois et rend des décrets.

Sont compris, sous le nom général de *loi*, les actes du corps législatif concernant la législation civile et pénale ; l'administration générale des revenus et des dépenses ordinaires de la république ; les domaines nationaux ; le titre, le poids, l'empreinte et la dénomination des monnaies ; la nature, le montant et la perception des contributions ; la déclaration de guerre, toute nouvelle distribution générale du territoire ; l'instruction publique ; les honneurs publics à la mémoire des grands hommes.

Sont désignés, sous le nom particulier de *décret*, les actes du corps législatif concernant l'établissement annuel des forces de terre et de mer ; la permission ou la défense du passage des troupes étrangères sur le territoire ; l'introduction des forces navales étrangères dans les ports de la république ; les mesures de sûreté et de tranquillité générale ; la distribution annuelle et momentanée de secours et travaux publics ; les ordres pour la fabrication des monnaies de toute espèce ; les dépenses imprévues et extraordinaires ; les

mesures locales et particulières à une administration, à une commune, à un genre de
travaux publics; la défense du territoire; la
ratification des traités; la nomination et la
destitution des commandans en chef des armées; la poursuite de la responsabilité des
membres du gouvernement, des fonctionnaires publics; l'accusation des prévenus de complots contre la sûreté générale de la république; tout changement dans la distribution
partielle du territoire; les récompenses nationales.

Corollaire. C'est une grande vérité sur la représentation nationale, qu'elle ne peut pas être
exclusivement appelée *représentative*, parce que
la constitution d'un peuple libre n'est pas moins
démocratique que représentative. La loi n'est point
le décret : dès-lors le député est revêtu d'un double caractère. Mandataire dans les lois qu'il doit
proposer à la sanction du peuple, il n'est représentant que dans les décrets; et évidemment le
gouvernement n'est représentatif que dans toutes
les choses que le peuple ne peut pas faire lui-même.
Donc, il faut consulter le peuple sur toutes les
lois : il ne suffit pas de lui déférer les lois constitutionnelles et d'attendre ses réclamations sur les
autres : c'est une offense au peuple, que de détailler les divers actes de sa souveraineté. Avec les
formes et les conditions dont ce qui s'appelle proprement loi doit être entouré, les mandataires ne
font pas un si grand nombre de lois dans une année. On se guérira peu à peu de cette manie de législation qui écrase la législation au lieu de la relever; et dans tous les cas il vaut mieux attendre,

et se passer même d'une bonne loi, que de se voir
exposé à la multiplicité des mauvaises (1).

APHORISME LXII.

Que la législature peut seule suspendre les lois.

Le pouvoir de suspendre les lois, ou de
surseoir à leur exécution, ne doit jamais être
exercé que par la législature.

Corollaire. Tout pouvoir de suspendre les lois
ou d'arrêter leur exécution, en vertu de quelque
autorité que ce soit, est une atteinte aux droits
des représentans du peuple, et ne doit avoir lieu.
Le droit de grâce dans le gouvernement ne serait
que le droit de violer la loi ; il ne peut exister dans
un gouvernement libre, où la loi doit être égale
pour tous.

---

(1) L'Assemblée constituante, dominée simultanément
par l'idée de l'établissement de la démocratie et par l'idée
de l'établissement légal de la royauté, avait donné au corps
législatif un pouvoir illimité de législature ; seulement
elle avait soumis ses lois à la sanction du roi, auquel elle
avait même accordé un véto suspensif. La Convention nationale, toujours conséquente dans son principe démocratique, avait ici consacré une de ses applications fondamentales, en donnant la sanction au peuple, pour que les
lois deviennent ainsi son ouvrage, et pour n'être pas ainsi
régi par la volonté impérative de son mandataire. Quoique
la nomenclature des objets spécifiés dans cet aphorisme
ne soit pas d'une exactitude rigoureuse, et que l'expérience en ferait faire présentement une plus conforme aux
progrès et à l'état de la raison, honneur à la Convention
nationale, qui, la première, en a posé le principe dans
le système représentatif !

APHORISME LXIII.

Qu'il ne peut être fait de lois qui blessent les droits naturels et civils.

Le pouvoir législatif ne peut faire aucunes lois qui portent atteinte et mettent obstacle à l'exercice des droits naturels et civils, et garantis par la constitution ; mais comme la liberté ne consiste qu'à pouvoir faire tout ce qui ne nuit ni aux droits d'autrui, ni à la sûreté publique, la loi peut établir des peines contre les actes qui, attaquant ou la sûreté publique ou les droits d'autrui, seraient nuisibles à la société.

Corollaire. Le peuple, en nommant ses représentans pour pourvoir à la législation, n'a pu vouloir gêner ses droits et les droits naturels de chacun, mais seulement pourvoir aux moyens de les garantir, et d'en punir l'infraction. Chaque homme, en votant pour l'établissement d'une puissance législative régulière, lui dit : « Je vous éta-
« blis pour régler la manière d'assurer à mes con-
« citoyens, comme à moi, la jouissance de mes
« droits ; je me soumets à obéir aux volontés géné-
« rales que vous érigerez en lois ; mais je dois
« mettre des limites à ce pouvoir, et vous empê-
« cher d'employer contre mes droits la puissance
« que je vous donne pour les défendre. Voilà quels
« sont ces droits, et vous ne pourrez y porter at-
« teinte ; voilà les dangers qui peuvent résulter
« pour ces droits de l'autorité confiée à la puis-
« sance publique, vous ne pouvez les y exposer ;

« voilà ceux qui résultent nécessairement de
« l'état social, vous y apporterez un remède. »

APHORISME LXIV.

Ce que la législature doit particulièrement établir et surveiller.

L'instruction est le besoin de tous. La société doit favoriser de tout son pouvoir les progrès de la raison publique, et mettre l'instruction à la portée de tous les citoyens.

Les citoyens ont le droit de former des établissemens d'éducation et d'instruction, ainsi que des sociétés libres pour concourir aux progrès des sciences, des arts et des lettres.

L'agriculture, les sciences, l'industrie, les arts et le commerce doivent être protégés et encouragés.

La justice doit être rendue avec promptitude et impartialité.

Les services publics doivent être récompensés, et les actions nuisibles à la société doivent être punies.

Les secours publics sont une dette sacrée. La société doit la subsistance aux citoyens malheureux, soit en leur procurant du travail, soit en assurant les moyens d'existence à ceux qui sont hors d'état de travailler.

Corollaire. La société a le droit d'exiger que chaque citoyen soit instruit d'une profession utile; qu'il s'entretienne dans la force de corps et dans les exercices dont elle peut avoir besoin pour sa défense. Elle a le droit également d'établir un mode d'éducation nationale propre à prévenir les maux que pourraient lui causer l'ignorance et la corruption des mœurs. Chaque citoyen a le droit réciproque d'attendre de la société les moyens d'acquérir les connaissances et instructions qui peuvent contribuer à son bonheur dans sa profession particulière, et à l'utilité publique dans les emplois qu'il peut être appelé à remplir par le vœu de ses concitoyens. La société doit établir les règles les plus simples possibles, pour que la justice distributive soit rendue à chacun des citoyens avec promptitude et impartialité. La société doit à la sécurité des citoyens, et à l'encouragement de l'agriculture et des arts, des lois positives et claires, qui définissent les propriétés et fixent un mode régulier pour leur conservation et leur transmission. La société a le droit d'établir des récompenses pour ceux qui s'efforcent de la bien servir, et des peines contre ceux qui tendent volontairement à lui nuire, pourvu que le mode de ces récompenses et de ces peines soit tel, qu'on ne puisse les considérer comme des faveurs ou des rigueurs inutiles ou arbitraires, mais seulement comme des moyens efficaces d'émulation ou de répression ; et que la loi soit la même pour tous, soit qu'elle récompense, soit qu'elle punisse. La société doit pourvoir aux besoins de ceux dont elle réclame les services ; elle doit également des secours à ceux que la vieillesse ou les infirmités mettent hors d'état de lui en rendre davantage. De ce que tout service actuel doit avoir et a son salaire, il suit que les pensions sur le Trésor public ne peuvent être sollicitées qu'à titre de récompenses ou bien à titre de secours de charité. Les récompenses pécuniaires supposent des services éminens ou très-longs rendus à la chose publique par des hommes qui ne peuvent plus être employés utilement, et qui n'ont d'ailleurs point de fortune. Quant aux charités publiques, il est évident qu'elles ne doivent être répandues que sur des personnes qui sont dans une impuissance réelle de pourvoir à leurs besoins; et il faut entendre, par ce mot, les besoins naturels, et non des besoins de vanité: car il n'entrera jamais dans l'intention des contribuables de se priver d'une partie de leur nécessaire pour fournir au luxe d'un pensionnaire de l'État. Il faut encore que les secours de charité cessent au moment où finit l'impuissance qui les justifiait. Tout citoyen donc dans l'impuissance de pourvoir à ses besoins, ou qui ne trouve pas du travail, a droit aux secours de la société.

APHORISME LXV.

C'est à la législature à établir les contributions et les monnaies.

Nulle contribution n'est établie que pour l'utilité générale, et il ne peut être ordonné ni levé aucune charge publique, sous quelque prétexte que ce soit, sans le consentement du peuple ou de ses représentans dans la législature; et toute contribution est également répartie entre tous les citoyens, en raison de leurs facultés. Au corps législatif appartient le droit essentiel de se faire rendre compte de l'emploi des revenus publics. Au corps législatif seul appartient le droit de régler la fabrication et l'émission de toute espèce de monnaie, d'en fixer la valeur et le poids, et d'en déterminer le type.

Corollaire. La société a le droit d'établir les contributions qui sont nécessaires au maintien de l'indépendance et de la prospérité nationales, ainsi que de fixer le mode de leur perception, pourvu que ces contributions soient véritablement indispensables, et portent uniquement sur la portion superflue du revenu territorial ou industriel de chacun des citoyens, avant que de peser sur les besoins de première nécessité. L'économie dans l'administration des dépenses publiques est un devoir rigoureux ; le salaire des officiers de l'État doit donc être modéré, et il ne faut accorder de récompenses que pour de véritables services. Il ne doit être voté de contribution ou imposé de charges que pour les besoins publics. Toute contribution blesse les droits des hommes, si elle décourage le travail et l'industrie, si elle tend à exciter la cupidité, à corrompre les mœurs et à ravir au peuple ses moyens de subsistance. Nul ne doit payer de contribution que celle qui a été librement votée par les représentans de la nation ; mais tout citoyen sans distinction doit contribuer aux dépenses publiques dans la proportion de ses biens. Chaque membre de la société ayant droit à la protection commune, doit donc concourir à sa prospérité, et contribuer aux frais nécessaires selon ses propriétés, sans que nul puisse prétendre aucune faveur ou exemption, quel que soit son rang ou son emploi. La perception des revenus publics doit être assujettie à une comptabilité rigoureuse, à des règles fixes, faciles à connaître, en sorte que les contribuables obtiennent prompte justice. Ainsi, tous les citoyens ont droit de constater par eux-mêmes, ou par leurs représentans, la nécessité de la contribution publique, de la consentir librement, de concourir à son établissement, d'en suivre et d'en surveiller l'emploi, d'en déterminer la quotité, l'assiette, le recouvrement et la durée, et de s'en faire rendre compte.

APHORISME LXVI.

C'est à la législature à ordonner la force publique armée.

L'établissement de la force publique n'appartient qu'à la législature : les citoyens la composent. Le nombre des troupes respectives doit être fixé temporairement par elle : leur destination est la defense de l'etat. Les milices nationales doivent toujours être subordonnées à l'autorité civile ; elles ne peuvent faire aucun mouvement relatif à la tranquillité intérieure, que sous l'inspection des magistrats désignés par la loi, connus du peuple, et responsables des ordres qu'ils leur donnent.

Corollaire. La garantie des droits de l'homme et du citoyen et l'indépendance nationale nécessitent une force publique : cette force est donc instituée pour l'avantage de tous, et non pour l'utilité particulière de ceux auxquels elle est confiée. Une milice bien réglée, tirée du corps du peuple, et accoutumée aux armes, est la défense propre, naturelle et pure d'un état libre. Tout citoyen est né soldat : la société a le droit d'exiger que chacun de ses membres concoure à repousser par la force quiconque attente à la souveraineté

qui appartient à tous, ou blesse d'une manière
quelconque les intérêts communs. Des armées toujours sur pied sont dangereuses pour la liberté, et
il n'en peut être levé et entretenu sans le consentement de la législature. La force militaire n'est
créée, n'existe et ne doit agir que dans l'ordre des
relations politiques extérieures : soldat, le citoyen
ne peut être employé contre le citoyen ; il ne peut
être commandé que contre l'ennemi extérieur. Les
milices nationales ne forment ni un corps militaire,
ni une institution dans l'État : ce sont les citoyens
eux-mêmes appelés au service intérieur de la force
publique.

APHORISME LXVII.

C'est à la législature à établir les fêtes
nationales.

Le corps législatif a seul le droit d'établir
des fêtes nationales pour conserver le souvenir de la révolution et des événemens mémo-
rables, pour entretenir la fraternité entre les
citoyens, et les attacher à la patrie, à la constitution et aux lois (1).

---

(1) Les événemens nationaux sont les époques de l'histoire des peuples libres, parce que ces événemens sont
des manifestations de la puissance et de la volonté populaires dans le cours de leur existence. Trois grandes époques signalent et illustrent jusqu'à présent la révolution
française : la *prise de la Bastille*, 14 juillet 1789, révolution populaire contre le despotisme royal, et qui con-
sacra le célèbre serment du jeu de paume du 20 juin,
dévouement patriotique de l'Assemblée constituante ; la
fondation de la république, 22 septembre 1792, qui

APHORISME LXVIII.

C'est à la législature à accorder les récompenses publiques.

Le corps législatif a seul le droit d'accorder les récompenses nationales, et de décerner les honneurs publics à la mémoire des grands hommes; mais il ne doit jamais être accordé ni conféré aucuns émolumens, honneurs ou priviléges héréditaires.

Corollaire. C'est à la législature à accorder les récompenses nationales et à décerner les honneurs publics à la mémoire des grands hommes, parce que c'est à la société entière à manifester la gratitude nationale pour les services rendus à la société, ou pour la gloire qu'elle retire des travaux de ceux de ses membres qui se sont illustrés : autrement, la récompense ne serait qu'une reconnaissance particulière, lorsqu'elle ne serait pas une faveur ou un salaire. De plus, les récompenses et les honneurs sont essentiellement personnels (1).

---

sanctionna la journée populaire du 10 août par l'abolition de la royauté; et les sublimes journées des 27, 28 et 29 *juillet* 1830, qui furent la seconde révolution du peuple pour la conquête de la liberté sur la monarchie dans les annales de l'histoire nationale des Français. (1831.)

(1) La Convention nationale avait ainsi ordonné la formule de la publication des lois, des décrets, des jugemens et de tous actes publics, dans sa constitution de 1793 : « Au nom du peuple français, l'an.... de la république. »

APHORISME LXIX.

Que la liberté des délibérations est l'essence de la législature.

La liberté de parler, les débats ou délibérations dans la législature, ne doivent être le fondement d'aucune accusation ou poursuite.

Corollaire. La liberté des délibérations, de la parole et des débats dans la législature est si essentielle pour les droits du peuple, que l'usage de cette liberté ne peut jamais être le fondement d'aucune accusation ou poursuite, d'aucune accusation ou plainte dans un tribunal ou lieu quelconque.

---

§ VIII. MAGISTRATURES ET LEURS DEVOIRS.

APHORISME LXX.

La division des pouvoirs est nécessaire à l'empire de la loi.

Le département législatif n'exercera jamais l'autorité exécutive ou judiciaire, ni aucun des deux ; le département exécutif n'exercera jamais le pouvoir législatif ou l'autorité judiciaire, ni aucun des deux ; et le département judiciaire n'exercera jamais le pouvoir législatif ou l'autorité exécutive, ni aucun des deux, afin que ce soit le gouvernement des lois, et non pas le gouvernement des hommes.

Corollaire. Pour prévenir le despotisme et assurer l'empire de la loi, les pouvoirs législatif, exécutif et judiciaire doivent être distincts. Leur réunion dans les mêmes mains mettrait ceux qui en seraient les dépositaires au-dessus de toutes les lois, et leur permettrait d'y substituer leurs volontés (1).

APHORISME LXXI.

Que les magistratures émanent du peuple.

Tout pouvoir résidant originairement dans le peuple, et étant émané de lui, les différens magistrats et officiers du gouvernement, revêtus d'une autorité quelconque, exécutrice ou judiciaire, sont ses substituts, ses agens.

Corollaire. Le peuple est le souverain : le gouvernement est son ouvrage et sa propriété, les fonctionnaires publics sont ses commis. Nul ne peut, sans une délégation légale, exercer aucune autorité ni remplir aucune fonction publique. Le nombre des emplois publics doit même être rigoureusement borné au nécessaire, car il est absurde surtout qu'il y ait des places sans fonctions.

APHORISME LXXII.

Que les fonctions publiques sont temporaires.

Les fonctions publiques sont essentiellement

______

(1) *Voyez* Aphorisme xiv, *de la garantie sociale*, auquel se rapporte le principe sur cet objet.

temporaires : elles ne peuvent être considérées comme des distinctions, ni comme des récompenses, mais comme des devoirs publics imposés à temps.

Corollaire. Une fonction publique ne peut jamais devenir la propriété de celui qui l'exerce ; son exercice n'est pas un droit, mais un devoir. Pour empêcher même que ceux qui sont revêtus de l'autorité deviennent oppresseurs, le peuple doit faire rentrer les officiers publics dans la vie privée à certaines époques, et de la manière établie par la forme du gouvernement, et remplir les emplois vacans par des élections et des nominations nouvelles. Une longue stabilité dans les emplois publics est dangereuse pour la liberté ; c'est pourquoi le changement périodique des fonctionnaires ou magistrats est un des meilleurs moyens d'assurer une liberté solide et durable.

APHORISME LXXIII.

Que tout magistrat est comptable et responsable.

La société peut et doit exiger que tout agent public lui rende compte de la gestion qui lui est confiée ; la publicité et la responsabilité sont la sauve-garde des droits communs et individuels. Les délits des agens du peuple ne doivent jamais être impunis.

Corollaire. Le peuple a le droit de demander compte à ses magistrats de leur administration, de connaître toutes leurs opérations, et les magistrats, dans tous les genres de pouvoirs, lui doivent un compte exact de leur gestion, sont comptables de leur conduite, doivent subir son jugement avec respect, et sont responsables de leurs prévarications. Les délits des délégués du peuple doivent être sévèrement et *facilement* punis. Nul n'a le droit de se prétendre plus inviolable que les autres citoyens.

APHORISME LXXIV.

Objet de l'établissement du gouvernement.

Le gouvernement est institué pour le bien commun, pour garantir à l'homme la jouissance de ses droits naturels et imprescriptibles, pour la protection, la sûreté, la prospérité et le bonheur du peuple, et non pas pour le profit, l'honneur ou l'intérêt particulier d'un homme, d'une famille, d'une classe d'hommes.

Corollaire. La nature a mis dans le cœur de l'homme le besoin et le désir impérieux du bonheur. L'état de société politique le conduit vers ce but, en réunissant les forces individuelles pour assurer le bonheur commun. Le gouvernement est le mode d'activité choisi par chaque société pour diriger l'emploi de la force publique vers cet objet. Le gouvernement doit donc être constitué de manière qu'il ne puisse jamais blesser les droits de l'homme et du citoyen, puisqu'il n'est établi que pour le protéger (1).

---

(1) La Convention nationale, en établissant, par sa constitution de 1793, le gouvernement dans un conseil (de vingt-quatre membres) et non dans une magistrature com-

APHORISME LXXV.

*Que les relations locales forment la commune
et sa gestion.*

Les citoyens, considérés sous le rapport des
relations locales qui naissent de leur réunion

---

posée de cinq fonctionnaires égaux en attributions (le Directoire), comme dans sa constitution de l'an III, ou dans
une unité de personne, comme le président aux États-Unis
d'Amérique, a posé le principe vrai en cette matière ; car,
le gouvernement est tout à la fois un établissement de
délibération et de direction dans l'exercice de l'autorité
exécutive, deux choses inséparables pour cet exercice ; et
le confier à un seul, c'est en soumettre les conséquences à
une direction individuelle, née d'un jugement individuel,
quand d'ailleurs la capacité humaine a ses limites physiques et intellectuelles en chaque homme, et qu'il ne peut
franchir, et quand c'est donner aux passions de l'homme
un véhicule pour se développer ou se satisfaire. La force est
ici dans l'unité, dit-on : non, mais bien le despotisme et
la tyrannie, et voilà pourquoi les rois dans le gouvernement monarchique, et pourquoi ce gouvernement sont tout
dans l'unité royale, et la personne des rois en est l'expression politique personnifiée. Il n'y a d'unité vraie en
politique que l'unité territoriale, des lois et de la législature. L'unité gouvernementale résulte seulement, comme
l'unité législaturale, du concours de plusieurs à un même
fait, et non que ce fait soit dû à un seul et son ouvrage ;
autrement pourquoi une législature pour faire les lois, au
lieu d'un seul législateur ? Pourquoi plusieurs jurés et plusieurs juges pour juger, au lieu d'un seul juré et d'un seul
juge ?

Dans cette même constitution de 1793, la convention
nationale avait encore posé un principe non moins vrai en
cette matière, quand elle établit que « les membres du

dans les villes et dans de certains arrondisse-
mens du territoire des campagnes, forment
les *communes*.

Corollaire. Les citoyens qui composent chaque
commune ont le droit d'élire à temps, suivant les
formes déterminées par la loi, ceux d'entre eux
qui sont chargés de gérer les affaires particulières
de la commune. Il peut leur être délégué quelques fonctions relatives à l'intérêt général de
l'État (1).

« conseil, en cas de prévarication, étaient accusés par le
« corps législatif; et que le conseil était responsable de
« l'inexécution des lois et des décrets, et des abus qu'il
« ne dénonçait pas. » Tous les sophismes ne peuvent rien
contre ce princ p · fondamental applicable à toute fonction
publique. Mais, en statuant sur le gouvernant, on eût
rougi de dire qu'il serait impuni; on l'a appelé *inviolable*.

(1) L'établissement des communes vient de l'Assemblée
constituante. « Pouvions-nous ne pas conserver les muni-
« cipalités, quelque nombreuses qu'elles soient? disaient
« les rédacteurs de la constitution de 1793. Ce serait une
« ingratitude envers la révolution, et un crime contre la
« liberté : ce serait vraiment anéantir le gouvernement
« populaire Quel malheur pour les citoyens, si, dans quel-
« ques-unes de leurs communes (pour peu qu'on les ré-
« duise), ils étaient privés de la consolation de s'adminis-
« trer fraternellement! L'espèce humaine est un composé
« de familles dispersées çà et là, et plus ou moins nom-
« breuses, mais qui toutes ont les mêmes droits à la
« police et au bonheur. L'écharpe qui couvre des lam-
« beaux est tout aussi auguste que l'écharpe des cités les
« plus populeuses; l'homme qui la porte ne consentirait
« pas plus à l'abandonner qu'à se dessaisir de son vote ou
« de son fusil. »

APHORISME LXXVI.

Que l'administration est le gouvernement de la localité.

Chaque division du territoire a son administration personnelle pour le gouvernement de ses intérêts d'après ses besoins.

Corollaire. Chaque agglomération de communes par division politique et circonscription territoriale est régie par sa propre administration centrale, composée de citoyens des localités élus à temps par les habitans, conformément à ce qui est ordonné par la constitution (1).

APHORISME LXXVII.

Que l'administration ne doit qu'administrer.

Les administrateurs ne peuvent, en aucun cas, modifier les actes du corps législatif, ni en suspendre l'exécution ; ils ne peuvent s'immiscer dans les objets dépendant de l'ordre judiciaire.

APHORISME LXXVIII.

Que la publicité est un principe en administration.

Les séances des municipalités et des administrations sont publiques, et tous les actes des

---

(1) *Voyez* APHORISMES LXX, LXXI et LXXII.

corps administratifs sont rendus publics par le dépôt du registre où ils sont consignés, et qui est ouvert à tous les administrés (1).

APHORISME LXXIX.

Des magistrats judiciaires.

La justice est rendue publiquement et gratuitement par des juges élus à temps par le peuple et salariés par la république. Les fonctions judiciaires ne peuvent, en aucun cas, et sous aucun prétexte, être exercées ni par le corps législatif, ni par le pouvoir exécutif, ni par les corps administratifs et municipaux.

Corollaire. L'indépendance et l'intégrité des juges sont une chose essentielle pour l'administration impartiale de la justice, et forment un des grands fondemens de la sécurité des droits et de la liberté des citoyens. Le juge ne peut prononcer par voie de disposition générale et réglémentaire sur les causes qui lui sont soumises. Le juge qui refuse de juger sous prétexte du silence, de l'obscurité ou de l'insuffisance de la loi, peut être poursuivi comme coupable de déni de justice.

APHORISME LXXX.

Que l'arbitrage est une justice nécessaire.

L'arbitrage étant le moyen le plus raisonnable de terminer les contestations entre les

---

(1) Dans mon livre des *Principes d'administration*, j'ai traité de l'importante matière administrative, comme science.

citoyens, le droit des citoyens de terminer définitivement leurs contestations par la voie de l'arbitrage, ne peut recevoir aucune atteinte par les actes du pouvoir législatif.

Corollaire. Le législateur ne peut faire aucunes dispositions qui tendraient à diminuer, soit la faveur, soit l'efficacité du compromis.

APHORISME LXXXI.

Que le jury civil et le jury criminel sont les garans de la liberté.

Dans les procès qui intéressent la propriété, et dans les affaires personnelles, la procédure par jurés est préférable à toute autre, et doit être regardée comme sacrée.

En matière criminelle, nul citoyen ne peut être jugé que par un jury. Un premier jury déclare si l'accusation doit être admise ou rejetée : le fait est reconnu et déclaré par un second jury ; la peine est appliquée par le juge.

Tout homme acquitté par le jury ne peut être repris ni accusé à raison du même fait.

Corollaire. Aucun citoyen ne peut être distrait des juges que la loi lui assigne par aucune commission ni par d'autres attributions que celles qui sont déterminées par une loi antérieure. La justice par jury est un des grands fondemens de la liberté, de la propriété, de l'honneur et de la vie des personnes. Dans les procès criminels, tout homme a droit d'être instruit de l'accusation qui lui est intentée, d'obtenir un conseil, d'être confronté à ses accusateurs et aux témoins, de faire examiner les témoignages sous serment à sa décharge, et il a droit à une procédure prompte par un jury impartial, sans le consentement unanime duquel il ne peut être déclaré coupable. Aucun homme ne peut être forcé d'administrer des preuves contre lui-même. La vérification des faits dans les lieux où ils se sont passés est une des plus grandes sûretés de la vie, de la liberté et de la propriété des citoyens. Tout citoyen appelé ou saisi par l'autorité de la loi, doit obéir à l'instant; il se rend coupable par la résistance. Mais celui ou ceux qui sollicitent, expédient, signent, exécutent ou font exécuter des actes ou des ordres arbitraires, sont coupables et doivent être punis. Tout traitement qui aggrave la peine déterminée par la loi, est un crime (1).

§ IX. RAPPORTS DE PEUPLE A PEUPLE.

APHORISME LXXXII.

Que les peuples sont indépendans.

Les peuples sont respectivement indépendans et souverains, quel que soit le nombre d'individus qui les composent et l'étendue du

---

(1) *Voyez* APHORISME X , *ce qui constitue la sûreté,* et APHORISME LIV , *la détention et l'accusation selon les lois est un droit de cité.*

territoire qu'ils occupent : cette souveraineté est inaliénable. Les peuples sont entre eux dans l'état de nature (1).

Corollaire. Les droits d'une société quelconque à l'égard d'une autre société, sont les mêmes que ceux des divers membres d'une même société entre eux.

---

(1) Il faut entendre ici par état de nature leur indépendance les uns des autres, car il est des rapports naturels et moraux nécessaires qui lient les peuples ainsi que les hommes : seulement les uns et les autres sont maîtres de leur personne. Je donne cette explication pour écarter toute idée fausse que l'auteur de cette expression, le conventionnel Grégoire, eût fait naître ; car il n'est pas plus d'état de nature pour les peuples que pour l'homme, quoiqu'un peuple pourrait plutôt vivre dans l'indépendance absolue que l'homme, et se suffire à lui-même, ayant en lui une somme de facultés et de moyens qui manquerait nécessairement à l'homme. Il n'est donc pas vrai, comme l'a dit dans une occasion semblable un autre de nos législateurs, l'illustre Carnot, que « chaque « peuple a le droit de s'isoler et de se rendre indépendant « de toute société et de tout individu. » C'est outrer le principe de la liberté naturelle dans les peuples, et le principe étant faux, les conséquences en seraient funestes à l'espèce humaine. L'exemple même qu'il donne de l'homme, auquel il accorde le droit de s'isoler en rompant le pacte social, et de se rendre indépendant de toute société et de tout autre individu, ne prouverait en cet homme qu'un être malade, et la conséquence qu'il en tirait que la société ne lui devrait plus aucune protection ni les citoyens aucune bienveillance, devait l'avertir qu'il émettait une grave erreur en voulant poser le principe incontestable de la liberté naturelle. Fénelon, au contraire, a enseigné une grande vérité sociale, quand il a dit « que « les peuples n'étaient que les membres de la famille du « genre humain. »

APHORISME LXXXIII.

Du lien naturel entre les peuples.

Les peuples ont pour lien la morale universelle.

Corollaire. Un peuple doit agir à l'égard des autres comme il désire qu'on agisse à son égard : ce qu'un homme doit à un homme, un peuple le doit aux autres. L'intérêt particulier d'un peuple est subordonné à l'intérêt général de la famille humaine.

APHORISME LXXXIV.

En quoi consiste la morale universelle.

Les peuples doivent en paix se faire le plus de bien, et en guerre le moins de mal possible.

Corollaire. Les hommes de tous les pays sont frères, et les différens peuples doivent s'entr'aider selon leur pouvoir, comme les citoyens du même État. Les peuples qui sont en guerre doivent laisser un libre cours aux négociations propres à ramener la paix.

APHORISME LXXXV.

Que chaque peuple a droit d'organiser son gouvernement.

Chaque peuple a droit d'organiser et de changer les formes de son gouvernement (1).

---

(1) Le droit dont il est parlé ici est pris dans un sens

Corollaire. Un peuple n'a pas droit de s'immiscer dans le gouvernement des autres (1).

APHORISME LXXXVI.

Du gouvernement conforme aux droits des peuples.

Il n'y a de gouvernement conforme aux droits des peuples que ceux qui sont fondés sur l'égalité et la liberté.

Corollaire. La nature a mis dans le cœur de l'homme le besoin et le désir impérieux du bonheur. L'état de société politique le conduit vers ce but, en réunissant les forces individuelles, pour assurer le bonheur commun. Le gouvernement est le mode d'activité choisi par chaque société pour diriger l'emploi de la force publique vers cet objet. Le gouvernement doit donc être constitué de manière qu'il ne puisse jamais blesser l'égalité et la liberté des peuples, les droits de l'homme et du citoyen, puisqu'il n'est établi que pour les protéger.

---

personnel, c'est-à-dire comme indépendant de la volonté d'autres peuples : aussi le principe est ici le même qu'en l'Aphorisme XXXVII, et c'est en ce sens qu'il faut l'entendre.

(1) Belle disposition des lois françaises : *Le peuple français ne s'immisce pas dans le gouvernement des autres peuples ; il ne souffre pas que les autres nations s'immiscent dans le sien. Dans ses relations avec les autres nations, la république respectera les institutions garanties par le consentement de la généralité des peuples.*

APHORISME LXXXVII.

Que chaque peuple est maître de son territoire.

Chaque peuple est maître de son territoire.

Corollaire. La propriété du terrain dans un gouvernement libre étant un des droits essentiels du corps collectif du peuple, il est nécessaire, pour éviter les discussions, que les limites de l'État soient fixées avec précision.

APHORISME LXXXVIII.

Qu'il faut le consentement du peuple pour être réuni à un autre peuple.

Aucun peuple ne peut réunir à son territoire un peuple ou des contrées étrangères, sans le consentement des habitans.

Corollaire. « La nation française renonce à entreprendre aucune guerre dans la vue de faire des conquêtes, et n'emploiera jamais ses forces contre la liberté d'aucun peuple. La République renonce solennellement à réunir à son territoire des contrées étrangères, sinon d'après le vœu librement emis de la majorité des habitans, et dans le cas seulement où les contrées qui solliciteraient cette réunion ne seraient pas incorporées et unies à une autre nation en vertu d'un pacte social exprimé dans une constitution antérieure, et librement consentie (1). »

____

(1) Ces belles maximes des lois constitutionnelles faites par les assemblées nationales de France, furent respec-

APHORISME LXXXIX.

*Ce qui est d'un usage inépuisable ou innocent
appartient à tous les peuples.*

Ce qui est d'un usage inépuisable ou innocent, comme la mer, appartient à tous, et ne
peut être la propriété d'aucun peuple.

Corollaire. Les droits indivis des peuples sur
ce qui ne peut être la propriété personnelle d'aucun d'eux, consacre le principe que ce qui est
d'un usage inépuisable ou innocent, comme la mer,
est conséquemment la propriété de tous : autrement, c'est une usurpation attentatoire aux droits
des nations.

APHORISME XC.

*Comment s'établit le droit de prescription
entre les peuples.*

La possession immémoriale établit le droit
de prescription entre les peuples.

Corollaire. La possession est la détention ou
la jouissance d'une chose, d'un droit qu'on tient
ou qu'on exerce par soi-même. La prescription
est un moyen d'acquérir ; pour pouvoir prescrire,
il faut une possession continue et non interrom-
pue, paisible, non équivoque, et à titre de propriétaire.

---

tées dans les guerres de la liberté tant que dura la république, et furent méconnues lorsque la république eut
cessé.

APHORISME XCI.

Qu'il n'est point pour les peuples des moyens exclusifs de prospérité.

Une nation ne peut se réserver exclusivement des moyens de prospérité.

Corollaire. Après l'introduction du domaine et de la propriété, il est des droits indivis qui restent aux nations : chacune est créancière et débitrice envers les autres dans tout ce qui peut améliorer l'espèce humaine et multiplier les moyens de bonheur.

APHORISME XCII.

Attenter contre un peuple, c'est attenter contre tous.

Les entreprises contre la liberté d'un peuple sont un attentat contre tous les autres.

Corollaire. Les ligues qui ont pour objet une guerre offensive, les traités ou les alliances qui peuvent nuire à l'intérêt d'un peuple, sont un attentat contre la famille humaine. Ceux qui font la guerre à un peuple pour arrêter les progrès de la liberté et anéantir les droits de l'homme, doivent être poursuivis partout, non comme des ennemis ordinaires, mais comme des assassins et des brigands rebelles.

APHORISME XCIII.

Cas où il est permis à un peuple de faire la guerre.

Un peuple peut entreprendre la guerre pour

défendre sa souveraineté, sa liberté, sa propriété.

Corollaire. Ces cas de guerre dérivent de la
défense légitime de la personne, et de la conservation des droits naturels (1).

APHORISME XCIV.

Par qui la guerre doit être déclarée.

La guerre ne peut être déclarée que par
un décret du corps législatif.

Corollaire. La déclaration de guerre appartient
au corps législatif, étant un droit de souveraineté;
seulement le gouvernement peut en faire la demande formelle et nécessaire.

APHORISME XCV.

Cas où le gouvernement et la force publique peuvent agir d'eux-mêmes.

Dans le cas d'hostilités imminentes ou com-
mencées, de menaces ou de préparatifs de
guerre, le gouvernement est tenu d'employer,
pour la défense du pays, les moyens mis à sa
disposition, en en prévenant sans délai le
corps législatif.

---

(1) La France reconnut ce grand principe de morale :
« La République ne prendra les armes que pour le main-
« tien de sa liberté, la conservation de son territoire et la
« défense de ses alliés ; » dans cette autre disposition :
« Le peuple français est l'ami et l'allié des peuples libres ; »
et enfin dans cette autre disposition, digne d'un peuple
qui avait la conscience de sa dignité : « Il ne fait point la
« paix avec un ennemi qui occupe son territoire. »

Corollaire. Tous les agens de la force publique sont autorisés, en cas d'attaque, à repousser une agression hostile.

APHORISME XCVI.

De la conduite des armées en pays étranger.

Dans les pays étrangers occupés par les armées, les généraux doivent maintenir, par tous les moyens à leur disposition, la sûreté des personnes et des propriétés, assurer aux citoyens de ces pays la jouissance entière de leurs droits naturels, civils et politiques. Ils ne peuvent, sous aucun prétexte et en aucun cas, protéger, de l'autorité dont ils sont revêtus, le maintien des usages contraires à la liberté, à l'égalité et à la souveraineté des peuples.

APHORISME XCVII.

Que le commandement général ne peut être confié à un seul.

Le commandement général des armées ne peut être confié à un seul homme.

APHORISME XCVIII.

Qu'il faut le consentement du corps législatif pour l'introduction d'une troupe étrangère sur le territoire.

Aucune troupe étrangère ne peut être introduite sur le territoire sans le consentement du corps législatif.

APHORISME XCIX.
Des négociations.

Aucune négociation ne peut être entamée, aucune suspension d'hostilités ne peut être accordée qu'en vertu d'un décret du corps législatif, excepté les capitulations et les suspensions d'armes momentanément consenties par les généraux.

APHORISME C.
Des traités.

Les conventions et les traités sont négociés au nom du peuple, et ratifiés par le corps législatif.

Les traités entre les peuples sont sacrés et inviolables.

APHORISME CI.
Des agens publics.

Les agens publics que les peuples s'envoient sont indépendans des lois du pays où ils sont envoyés, dans tout ce qui concerne l'objet de leur mission.

Il n'y a pas de préséance entre les agens publics des nations.

APHORISME CII.
Des étrangers.

Un peuple a droit de refuser l'entrée de

son territoire, et de renvoyer les étrangers quand sa sûreté l'exige.

Les étrangers sont soumis aux lois du pays, et punissables par elles. Les lois de police et de sûreté obligent tous ceux qui habitent le territoire.

Ils peuvent contracter, acquérir et recevoir des biens situés dans le pays, et en disposer de même que les citoyens, par tous les moyens autorisés par les lois.

Leur personne, leurs biens, leur industrie, leur culte, sont également protégés.

APHORISME CIII.

De l'asile et du bannissement.

Il doit être donné asile aux étrangers bannis de leur patrie pour cause de la liberté, et refusé aux tyrans. Les tyrans, quels qu'ils soient, sont des esclaves révoltés contre le souverain de la terre, qui est le *genre humain*, et contre le législateur de l'univers, qui est la *nature*.

Le bannissement pour crime est une violation indirecte du territoire étranger.

Corollaire. « Le peuple français donne asile aux étrangers bannis de leur patrie pour la cause de la liberté : il le refuse aux tyrans (1). »

------

(1) Constitution de 1793. *Voyez*, pour ce § IX, instruction préliminaire, *Principes d'une déclaration des droits des nations.*

RÉFLEXIONS MORALES,

ANNOTATION PARTICULIÈRE

AU § II (DES DROITS ET DES DEVOIRS).

Ne vivre que pour soi n'est point vivre, c'est se priver de ce qui fait le charme de la vie.

Aimer les hommes, c'est leur vouloir tout le bien qu'on veut pour soi.

On peut être bon dans toutes les conditions sociales et dans toutes les situations de la vie : voilà ce qui seul importe ; abandonner le reste aux événemens.

L'amour maternel n'est le plus puissant des sentimens, que parce qu'il a sa racine dans l'instinct, et il provient de la plus profonde des passions.

Nous ne pouvons avoir toutes les qualités ; mais comme elles s'appuient l'une sur l'autre, en cultivant la qualité qui se rapporte plus à notre tempérament, celle-là peut faire notre bonheur et notre considération, et même notre célébrité.

Celui qui s'aime dans ses semblables, honore les autres en lui.

On est plus près de la perfection par le cœur que par l'esprit.

Le mauvais exemple est plus pernicieux que le mauvais conseil.

C'est l'absence des qualités du cœur, et non de ce les de l'esprit, qui rend mésestimable.

Le désœuvrement est un mal physique et moral.

Désirer sobrement est écarter les regrets.

La prudence est un bon conseiller.

Le mérite n'est rien si l'on n'est honnête homme.

La bassesse est un vice de l'esprit qui provient du cœur.

La considération consiste, non à chercher qu'on parle de soi, mais à mériter qu'on en parle.

La vertu est la première des vérités : elle en est aussi la plus nécessaire et la plus aimable.

L'orgueil est le manteau des cœurs durs.

C'est bassesse ou perfidie de se montrer autre qu'on est.

Les heures consacrées à l'étude sont des heures dérobées aux peines de la vie et arrachées aux vices.

Il n'est pas de loi plus impérieuse et moins éludable que la nécessité.

La dissimulation n'est pas discrétion, mais trahison de la vérité.

La fermeté et la patience sont deux grands secours dans les événemens de la vie : elles triomphent des circonstances, ou elles mettent à l'abri des coups de la fortune.

Se donner pour ce qu'on est, c'est de la candeur, non de l'orgueil.

Outre que le mensonge est odieux, si l'on réfléchissait aux embarras et aux soins qu'il donne, on se garderait de prendre tant de peine pour s'ôter la confiance et se faire mépriser.

Point d'attachement sans estime, et point d'estime sans confiance réciproque.

Nos besoins sont un gouffre qu'on ne saurait remplir à force d'argent : il n'y a que la modération qui puisse le combler.

La franchise est la vie de la confiance.

La résignation allége l'infortune ; la plainte en aggrave le poids.

Il y a plus folie que manque de courage à se livrer à ses passions.

On ne doit jamais humilier personne : si on le fait par orgueil, c'est tout à la fois dureté et bassesse, car c'est se prévaloir de sa supériorité aux dépens de la bienveillance ; et si on le fait pour reprendre, c'est détruire l'effet de la réprimande et non donner confiance en la correction, c'est compromettre l'amour-propre et non avertir, c'est avilir et non corriger.

Cultiver ses amis, mais aussi savoir les cultiver.

Il faut valoir beaucoup soi-même pour sentir tout le prix de l'amitié.

L'orgueil n'appartient qu'aux sots et aux faibles.

Un bon emploi du temps l'abrége, et il étend la vie.

Divulguer un secret, est disposer d'un bien qui ne nous appartient pas, et est un vol à la confiance, délit plus grand que le vol de la propriété ; car il y a trahison, outre le manque à la probité.

La haine est un sentiment pénible qui froisse l'âme, et dont on souffre le premier.

Secourir l'infortune avec cette bonté compatissante qui prévient les besoins, et cette attention bienveillante qui épargne la honte et ne permet pas de rougir du bienfait.

L'amitié est le lien le plus fort.

Il vaut mieux employer son humeur que son esprit dans le commerce de la vie.

Le temps perdu l'est sans retour, tel emploi que nous fassions de celui qui nous reste : une fois plongé dans le passé, il n'est plus en notre pouvoir, et notre intelligence non plus que nos regrets n'y peuvent rien.

Il n'y a d'estimable que ce qui est moralement bon.

La vertu peut se passer des qualités de l'esprit, mais elle ne peut être sans le bon sens.

La moralité seule des actions leur donne du prix.

Le bonheur est dans l'équilibre entre nos facultés et nos désirs, c'est-à-dire dans l'harmonie entre ce que nous pouvons et ce que nous voulons.

C'est bien assez que nos besoins nous dominent, sans les étendre encore.

Quand la société n'est pas un moyen de communication ou un délassement au travail, elle n'est qu'un passe-temps frivole, et par là même nuisible.

La sagesse conduit au bonheur.

Faire une bonne action, c'est prouver qu'on est homme.

On est bien fort quand on a sa conscience pour soi.

L'ingratitude est tout à la fois un manque à l'équité et à la probité, une bassesse et un délit.

C'est l'amour-propre qui nous rend dissimulés avec nos semblables.

On doit autant craindre de dire un mot qui désobligerait, que de faire une action qui pourrait nuire.

L'ami qu'on fait lentement est vrai et stable.

La beauté passe avec le temps, mais les qualités restent.

Moralement une belle action est celle qu'on peut nommer une bonne action.

Il en est de nous comme du cheval que le mors rend docile et utile au cavalier : le travail est pour l'homme ce mors nécessaire qui retient ses passions et qui maîtrise son imagination ; mais il faut qu'il en ait pris l'habitude dès ses jeunes ans pour en sentir tout le bien, pour n'être point rétif, et ne se pas cabrer contre le frein du travail.

Être bon, juste, humain, ferme dans l'adversité, modeste dans la prospérité, point chagrin des succès et de la réputation des autres, point envieux du bonheur, des biens ou des jouissances qu'ils peuvent avoir, rendre à chacun ce qui lui est dû, être satisfait d'être ce qu'on est, véritable contentement que donne la sagesse, et qui conduit au bonheur.

Se livrer à ce que le sentiment de l'amitié a de délicieux, c'est sentir tout ce que vaut l'amitié.

L'homme bon est compatissant, sensible, bienfaisant, généreux ; le sage est juste.

Ce qui est bien en soi n'est jamais blâmable : une voix intérieure nous en avertit.

La fausse honte n'est pas plus modestie que la vanité n'est franchise.

Quand l'habitude de confier ses sentimens ou ses peines ne vient pas de la confiance que donne l'amitié, cette habitude n'est qu'un besoin de causerie, né du manque de jugement.

Un ami est une partie de soi-même.

Autant il est d'une franchise estimable de s'instruire de ce qu'on ignore, autant il est d'un amour-propre impardonnable de vouloir raisonner de ce qu'on ne sait pas : dans le premier cas, la franchise fait excuser l'ignorance ; dans le second cas, la sottise présomptueuse fait ressortir l'ignorance et rend ridicule.

Deux heures passées avec un ami sont deux heures bien employées.

Au-delà de la limite du bien est le mal : la nature en a posé la borne, la morale nous la fait connaître.

Vouloir plus qu'on ne peut est méconnaissance de soi ; ne pas vouloir ce qu'on peut est oubli de soi.

On ne peut être heureux si l'on n'est bon.

Quand on calcule avec sa conscience, on n'est pas homme de bien.

La perfection morale est quand le cœur et la raison sont en harmonie, parce qu'il y a accord entre nos passions, nos sentimens et notre intelligence.

La prudence n'est pas méfiance, mais réserve.

Le bien est dans l'usage de la vie selon la morale.

Les désirs sont une mer sans rivages pour celui qui s'y abandonne ; plus il s'y livre, plus il s'éloigne du bord où il pourrait se sauver, et il court à sa perte.

Quand on est insouciant pour le bien, on a déjà fait un pas dans le mal.

Les passions sont bonnes quand l'esprit ne s'en mêle pas.

O intérêt personnel, que ne conseilles-tu pas contre la conscience et le devoir !

On croit s'être excusé envers soi-même et auprès des autres quand on dit : Je suis mon sort, je subis ma destinée. Insensé ! ta destinée est d'être homme, et d'en remplir la condition.

Il faut s'estimer pour faire bien.

Aimer la vie sans oublier qu'on doit la perdre et sans craindre la mort.

La prudence est l'instinct dirigé par la réflexion.

La sagesse est le bon sens éclairé par la philosophie.

L'amour de soi est une loi primordiale de notre
nature pour notre conservation ; mais elle tendrait
à nous détruire, si elle n'était continuellement
modifiée par cette autre loi primordiale, la sociabilité : c'est dans le juste équilibre entre ces deux
lois naturelles qu'est le principe de notre conservation morale ; ne la point chercher ailleurs.

La renommée n'est la considération, non plus
que la célébrité n'est la gloire.

Pauvre, on est dans la dépendance du besoin ;
riche, on est esclave de la fortune : il n'y a que
dans l'inestimable médiocrité qu'on est libre ;
mais celui-là seul est digne de la liberté qui
commande à ses besoins.

La vie n'est point un rôle à remplir, c'est un
impôt au profit de l'humanité et de la morale.

Il n'est pas une loi de notre nature qui ne serve
à notre bien-être, et il n'est point une infraction
à l'une ou à l'autre de ces lois qui ne nous soit pré-
judiciable.

Tenant la vie de ses père et mère, et l'existence
étant l'être tout entier, la piété filiale est le tribut
que l'enfant doit à ses père et mère tant qu'ils
existent ; et elle comprend l'attachement, le respect, et l'obligation de les secourir.

Le devoir n'est plus devoir, si on ne le fait par
amour du devoir.

Ne faire rien par mode ; quand cela est, on est
indifférent pour le bien et pour le mal.

Si les temps ne sont pas encore venus où nous
pourrions voir les principes naturels être la doctrine des peuples, et les nations heureuses par ce
dogme politique, nous devons du moins travailler
à nous rendre bons, car notre personne est à nou-

tre disposition, et nous sommes maîtres de nous bien diriger, afin de pouvoir être heureux.

Le résultat admirable de la morale est de former au devoir par amour du devoir même : la connaissance du bien et du mal n'est que là.

L'être réellement malheureux et véritablement à plaindre est celui que son organisation ou une affection organique laisse en un état continuel de malaise qui l'empêche de jouir de la plénitude de la vie ; et qui, de plus, avec des passions douces et les qualités qui font l'être bon et le caractère estimable, se trouve placé dans une suite de circonstances et d'événemens qui froissent sans relâche ses affections et ses sentimens : doublement malheureux, son existence n'est qu'une série de malaise physique et moral ; il semble n'être né que pour souffrir.

Nous formons dans le cours de la vie une multitude de désirs, de desseins, de projets, dont un seul suffit pour faire notre bonheur ou notre malheur.

Les souffrances morales sont bien autrement cuisantes que les maux physiques.

Vivre n'est point avoir existé plus ou moins d'années, mais avoir bien employé la vie : tel meurt sans avoir vécu.

On ne peut être heureux au détriment des autres ; mais on le croit et on agit en conséquence : de là les injustices, les fautes, les crimes, et tout le mal.

La vie est une dette envers l'humanité : voilà ce qu'on oublie, et pourquoi l'on se nuit.

La bonté de nos organes est l'occasion de la bonté de nos actions, mais il faut que la morale intervienne.

L'esprit d'imitation est en nous une loi physique de notre nature, et c'est parce que nous y sommes naturellement portés, qu'il est bien essentiel que les exemples soient bons.

La vie n'est brève que pour les affections du cœur; en toute autre chose elle est assez longue si nous savons bien l'employer.

Nous sommes journellement affectés d'une manière différente; et comme cette disposition naturelle influe sur notre humeur et nos idées, elle donne à notre caractère de la mobilité, si nous n'y opposons pas constamment la raison.

Quels biens, quelles richesses pourraient être comparés à la possession d'une épouse! qu'ils manquent, elle en tient lieu; qu'on les perde, elle en console.

Il y a plus de vérités dans les affections du cœur que dans le savoir de la raison.

La vie est peu, par rapport à sa durée et à sa fragilité, et beaucoup, par rapport à notre intelligence et à l'emploi que nous en pouvons faire.

Les circonstances façonnent nos jugemens; cela ne serait pas si nous n'écoutions que le devoir.

Tel croit donner un conseil utile, qui ne parle que d'après lui, et il faut s'oublier pour bien conseiller.

L'être vertueux est simple en tout; plus on est éloigné de la vertu, plus on est recherché et délicat dans ses goûts et ses actions.

L'esprit, sans le jugement, est une qualité fausse.

Le prudent est celui qui se conduit avec discernement en toute occasion, et qui n'est jamais pris au dépourvu.

Que ne conseille pas l'amour-propre! que ne fait pas faire l'intérêt!

La louange la plus flatteuse est celle qui nous revient indirectement.

8

Une épouse est le premier des biens dans la vie domestique, l'ami le plus sûr et le plus durable.

Ne point aimer exclusivement la solitude ou le monde, mais user alternativement et sobrement de l'un et de l'autre.

Les effets du travail sont physiques et moraux, et c'est parce que les résultats en sont sains et bons, qu'au lieu de n'y voir qu'une nécessité de besoin imposée par sa condition, il faut y voir une loi qui nous est imposée par notre nature, pour entretenir notre force corporelle et nous arracher aux penchans vicieux ou aux chagrins, puisqu'il ronge aussi bien les peines et les vices que les humeurs.

L'esprit n'est pas nécessaire pour la conduite de la vie, mais le bon sens.

Les jouissances les plus durables sont celles de l'esprit; elles ne coûtent pas non plus de regrets.

On peut avoir une belle âme, sans avoir l'âme grande; mais une grande âme est inséparable d'une belle âme.

La louange n'est, le plus souvent, l'estime.

Suivre le devoir est une chose naturelle; il a fallu la corruption pour en faire une nécessité.

En telle chose qu'on fasse consister le bonheur, il n'est qu'autant qu'on est bien avec soi-même.

On est dépensier du temps et on en abuse comme s'il était à sa disposition; et cependant il est une chose hors du pouvoir et de la volonté, et qu'on ne peut récupérer, accélérer ou accroître.

Les plaintes sur son existence ne viennent communément que de ce qu'on se place, par la pensée, hors de sa condition humaine et de sa situation sociale : être ce que veulent notre nature et sa situation dans la société, et on aura moins sujet de se plaindre; car n'ayant plus que des motifs réels, la plainte sera fondée, étant juste.

Point de charme, dans le commerce de la vie, sans abandon.

Il n'y a pas de profit, mais perte de temps pour l'accomplissement de ses devoirs, à lire seulement pour lire.

Toute erreur ne peut produire que le mal; la vérité produit le bien, et il n'est de bonheur moral que dans le bien.

L'habileté dans les affaires est utile, mais la probité y est nécessaire.

La vie n'est un mal que par l'emploi qu'on en fait.

Parmi tous les phénomènes humains, les plus admirables sont le cœur d'une mère et la tendresse d'une épouse.

L'ignorance est l'engourdissement mortel de l'intelligence; l'instruction est la chaleur vivifiante qui appelle à la vie.

Quand on n'occupe son esprit que de choses bonnes et de ce qui est bien, il ne vient pas d'idées répréhensibles en la pensée.

La vie est un sentier au milieu d'écueils, dont le plus grand nombre n'est dû qu'à nous.

Il y a plus à attendre du cœur que de l'esprit.

La femme vertueuse est un bel ornement de l'humanité.

On ne peut être bon et heureux que par la vérité.

La philosophie seule peut consoler des peines de la vie et les faire supporter, parce qu'elle n'est que la raison épurée par l'étude de notre nature.

Aimer sa femme, est l'estimer et l'honorer.

Toutes les indications de la nature sont bonnes; elles ne deviennent vicieuses que par notre faute.

La personne modérée est simple en tout.

De même que les couleurs sont une marque de santé quand elles sont franches, c'est-à-dire lorsqu'elles proviennent de la bonté et de la liberté des organes, de même la politesse est une marque d'estime quand elle est franche, c'est-à-dire lorsqu'elle provient de la sincérité et de l'indépendance du caractère.

N'étant pas parfaits nous-mêmes, ayant nos humeurs, nos faiblesses et nos imperfections, il faut les supporter dans son ami et l'aimer tel qu'il est, ou se condamner à n'avoir point d'ami : délicatesse qui tiendrait à l'égoïsme de l'amour-propre, non à l'amour du bien et du bon moral.

Témoigner sa reconnaissance d'un bienfait ou d'un service, ou son contentement de l'amitié qu'on nous porte, est le faire avec cette franchise et cet abandon qui ajoutent encore à la reconnaissance que nous éprouvons, ou à l'amitié qu'on a pour nous.

La modestie ne consiste point à ne pas se louer soi-même ou à se dire moins qu'on ne vaut, mais à se priser à sa juste valeur et à se donner tel qu'on est : c'est notre amour-propre blessé qui nous fait voir de l'orgueil dans une telle franchise.

La raison doit être notre guide en tout.

Ne tenir qu'à l'estime des gens sensés et des hommes de bien.

La modération dans les désirs, la simplicité dans les goûts et les habitudes, la chasteté dans les mœurs, le bon sens dans les discours, la probité dans les actions, sont une marque de jugement et une preuve de calme intérieur.

La conscience avant tout jugement des hommes, le devoir avant toute considération.

On n'est heureux qu'autant qu'on est moralement bon ; et on n'est bon qu'autant que la raison dirige dans les actions : il faut donc appliquer la raison à chacune de ses actions, c'est-à-dire ne rien faire sans réflexion et au hasard; pour cela, s'accoutumer dès son jeune âge à raisonner ce qu'on fait, et, surtout, se bien pénétrer qu'on a des devoirs indispensables à remplir envers soi et les autres, pour se bien conduire. Ces devoirs ne sont que les préceptes du bon sens : car c'est le bon sens qui les enseigne, et l'expérience n'a fait que les confirmer.

Attendons du temps, pour toutes choses : quoi que nous fassions, il est notre maître et dispose de nous; nos désirs, nos projets et nos soins lui sont soumis, et c'est lui réellement qui les exécute ou les anéantit.

Être sévère à soi-même et indulgent pour les autres, est encore plus probité que sagesse.

Le travail et l'étude peuvent seuls diriger nos penchans vers ce qui est bien, rendre bon, conséquemment heureux, car le contentement est dans la pratique du bien.

A tout âge et en toute circonstance, il faut étendre ses pensées dans l'avenir.

L'humanité s'étend aux animaux aussi bien qu'à nos semblables : frapper, tourmenter les animaux par brutalité, est toujours une marque de dureté dans le caractère.

Pour économiser le temps et en faire un bon emploi, il est bien, même utile, de se tracer un plan régulier, d'assujettir ses actions à ce plan, et de se rendre compte de l'usage de sa journée; mais il ne faut pas que cette habitude dégénère en règle invariable, en une uniformité minutieuse, qui ne serait plus qu'une symétrie de routine : car il est indispensable que la prudence et le jugement nous dirigent avant tout, sans quoi on n'est qu'un animal d'habitude dans ses actions, non un être raisonnable que le devoir conduit dans le chemin de la vie.

Se laisser aller à ses passions, au lieu de s'en rendre maître, c'est préférer se noyer, en s'abandonnant au courant qui entraîne, plutôt que d'avoir le courage de regagner la rive.

La patience n'est point dans l'entêtement, mais dans la résignation.

Le mal seul fait la honte.

Il n'y a de bon que ce qui est utile à l'humanité, et de louable que les actions qui la servent.

La grandeur d'âme consiste à être supérieur aux événemens favorables ou contraires.

Le bonheur et le bon sens sont inséparables.

Le bon ménage est quand le mari et la femme ne font qu'une personne.

Il y aurait moins de commodités dans la vie s'il y avait moins de désirs en nous ; le mal est quand ces désirs vont au-delà de ce que le bien-être exige, et ils ne sont plus qu'un bien-être factice.

Les choses sont inertes, il nous faut aller à elles ; c'est ce que ne peuvent comprendre les esprits méditatifs, et pourquoi ils ne réussissent pas dans les choses de la vie ; mais comme cela tient en eux à une certaine pudeur, on peut les en plaindre, mais on ne doit pas les en blâmer, car ils sont malheureux par probité.

Peu de gens savent obliger : ou on n'agit que par vanité, ou on ne le fait que par charité.

On s'occupe plus de ses jouissances que de ses besoins, voilà pourquoi il y a tant de personnes malheureuses.

Pourquoi n'est-ce pas parce qu'on est plus sage qu'on avoue volontiers ses torts de jeunesse, qu'à cet âge on évitait avec soin de laisser connaître, ni même parce qu'on se croit devenu meilleur?

Les fruits de la vertu sont doux ; ce n'est qu'avant maturité qu'ils peuvent être amers.

Qui cherche l'estime néglige la louange, parce que la louange n'équivaut pas à l'estime et ne peut la remplacer.

Rendre justice au talent et au mérite est un devoir d'équité et s'acquitter d'une dette.

La femme est un autre soi-même et un ami, non un meuble de ménage.

On ne fait beaucoup de choses contre son intention, que parce qu'on n'a pas une volonté ferme ou assez de volonté.

Rechercher la richesse ou les honneurs est se priver volontairement des véritables jouissances de la vie.

Dans la vieillesse on n'a pas honte de croire à des contes pitoyables qu'on a rejetés étant jeune.

Ce ne sera jamais ni un grand cœur ni un grand homme qui diront du mal des femmes.

L'amour-propre porte à la célébrité, l'oubli de soi élève à la gloire.

Ce sont nos passions qui nous font juger que tout est bien ou que tout est mal ; car il n'y a proprement de bien ou de mal que par rapport à nous, et relativement à l'idée que nous nous formons des choses en tant qu'elles nous concernent, et qu'elles réveillent en nous les impressions de plaisir ou de douleur : donc, il n'y a de bien et mal que relativement, c'est-à-dire qu'autant que nous ressentons du bien ou du mal des choses qui nous frappent physiquement ou moralement. Tout est ce qu'il doit être, restons nous-mêmes ce que nous devons être, et tout sera pour nous ce qu'il est naturellement par rapport à nous. L'optimisme et le pessimisme ne sont que de faux jugemens ; le premier provient de l'égoïsme, et le second de la misanthropie, et tous deux ont leur cause dans le tempérament.

Les maladies du cœur sont plus funestes que celles de l'esprit, et cependant on ne les redoute pas comme ces dernières, que l'amour - propre craint tant qu'elles soient aperçues.

C'est parce que l'amitié charme la vie dès son début et en console la dernière partie, c'est parce que l'amour embellit la jeunesse, qu'ils sont deux biens de l'existence.

Mériter d'être loué en face.

De même qu'on n'est pas philosophe si on n'est ami franc et sincère de la vérité dans la recherche de la connaissance des choses, et si on lui préfère les vains fantômes de l'imagination ou l'amour-propre de l'esprit, de même on n'est pas véritablement moral dans ses actions, si ce n'est la morale seule qu'on professe, et si on y mêle l'alliage de la religion.

L'esprit a ses grâces comme le corps, et il les a également naturelles.

La femme est le printemps de la vie, et la consolation de son hiver.

On ne s'inquiète, ne s'effraie, ne s'afflige davantage d'une maladie que des maux moraux qui affectent continuellement, moins encore parce que la maladie nous prive de la jouissance de nous-mêmes, que parce que l'instinct nous apprend que l'existence dépend de notre vie organique, dont nous ne sommes d'ailleurs pas maîtres comme de la vie animale.

Si la beauté du visage peut se trouver avec un cœur vicié, cela ne se voit plus dans la vieillesse : corrompu ou méchant, on devient laid étant vieux, et la difformité et la dureté des traits témoignent contre la vie; quoique purement physique, il faut tirer de cet effet une conséquence morale pour la conduite.

La femme et l'enfance sont les deux choses aimables de la vie : leur vue a même un charme qui n'est en aucune autre chose.

La femme vertueuse commande le respect dans sa jeunesse, et la vénération dans sa vieillesse.

Ne faire strictement que ce qu'on doit, n'est pas probité, mais crainte des lois ou du blâme.

Le caractère est le fondement de toute union dans la vie.

Qui n'écoute ni son intérêt ni son amour-propre, se facilite les moyens d'être bon.

La sagesse est aux vertus ce que le génie est aux productions de l'esprit.

Les affections du cœur sont le plus puissant des liens dans le commerce de la vie.

Arrêter ses désirs à sa puissance est raison, les pousser au-delà est folie.

L'esprit est un mauvais conseiller du cœur.

Il ne faut rien outrer, même le bien.

L'amour-propre fait faire plus de sottises que les passions, et des sottises que l'inexpérience avec du bon sens ne ferait pas.

La vanité coûte cent fois plus que les besoins.

L'homme de bien est toujours maître de lui, car il n'est dominé que par la raison.

Ce qui est bien l'est indépendamment des temps et des lieux, car de lui-même le bien a sa valeur.

On s'aime trop et on ne s'estime pas assez : voilà la cause du plus grand nombre de fautes.

L'imagination est un mauvais conseiller du devoir.

Que de superfluités qu'on prise plus que les choses nécessaires ! que de frivolités on leur préfère, sans réfléchir que ce sont autant de chaînes dont on se garrotte soi-même!

C'est étrangement s'abuser que se croire sage parce qu'on sait, si on ne fait servir ce qu'on sait à se bien conduire dans la vie.

On donne trop de temps à ce qu'on croit son bien-être, pour qu'il en reste pour l'étude de la sagesse.

L'amour de soi, étant notre loi de conservation, ne peut être un vice, mais il le devient sitôt qu'on s'écarte de ce que prescrit notre nature.

Savoir être heureux est une chose simple en elle-même, c'est notre imagination qui la rend difficile.

La prodigalité est un travers de l'esprit, l'avarice est un vice du cœur.

Jouir de la vie et en user avec modération.

Il y a autant de courage à supporter la fortune que l'infortune.

Rien ne rend plus esclave des hommes et des choses que de se laisser maîtriser par ses besoins ou de se soumettre aux besoins d'opinion.

L'amitié est moins impérieuse et moins séduisante que l'amour, mais non moins vive, et du moins durable et constante.

Quelle que soit nôtre inconstance naturelle, si on sait se fixer à des choses utiles et estimables, on est nécessairement bon : le contraire sera toujours, si, sans frein qui arrête, déréglé dans ses désirs, accablé d'une oisiveté et d'une nullité qui pèsent, on n'a rien qui retienne fortement.

L'équité veut qu'on tienne compte d'une action louable, mais la prudence conseille d'en scruter le motif pour n'être pas dupe des apparences.

La fierté de l'homme de bien est fondée sur le sentiment de la dignité humaine, sur la pureté de la conscience, l'élévation et la candeur de l'âme, l'honnêteté du cœur, l'indépendance et le calme de l'esprit, la fermeté du caractère, le courage et l'instruction.

La jeunesse de la personne habituée au travail dès son enfance est communément tranquille, parce que, détournée d'un trop grand loisir par le travail, l'esprit sans cesse occupé de ce qu'elle a à faire, elle est en quelque sorte arrachée à elle-même ; tandis que la jeunesse de la personne élevée dans l'oisiveté et les plaisirs est orageuse, parce que n'ayant rien qui l'attache et la fixe, son imagination, qui captive ses facultés morales, se livre à ces caprices et à ces bizarreries qui sont des moyens de remplir un vide que cette personne sent en elle : son imagination la tourmente, n'ayant rien sur quoi l'arrêter.

Il n'y a que les bons cœurs qui savent s'apprécier et s'entendre.

Le célibat volontaire est une condition nulle et essentiellement vicieuse.

Parler de tout et sur tout est d'un esprit superficiel.

Tel malheureux qu'on soit, il est préférable de conserver son indépendance : il est toujours pénible de dépendre de son semblable, et trop dur de se soumettre à ses volontés.

Ne savoir être seul, et mettre son existence dans le tourbillon du monde, est user la vie et non en jouir.

Le cœur a besoin de s'attacher, mais ce besoin n'est senti que par les personnes bonnes.

La beauté attire les regards, l'amabilité appelle l'attention, mais l'aménité attache à la personne.

Faisons le mieux possible notre devoir, et abandonnons le reste à la fortune.

Abuser des choses est en dénaturer le but et l'usage.

L'art de la vie est simple ; car, comme il tient à notre conservation, il fallait qu'il le fût, pour que chacun pût le pratiquer : s'il n'est pas tel, c'est qu'on sort des limites naturelles ; aussi on n'est malheureux que lorsqu'on les franchit.

Ce n'est point s'aimer que préférer son intérêt au devoir.

L'amitié a ses peines ainsi que ses joies, mais elle est toujours douce.

La vertu est dans la vérité, parce que le juste n'est lui-même que la vérité.

Pour que la franchise soit pure, il faut qu'il n'y ait ni finesse ni amour-propre.

L'intention fait l'action, non l'acte qui la manifeste ; car une action peut être blâmable intentionnellement, quoique louable dans sa manifestation, et ainsi dans son contraire : c'est la moralité qui donne du prix.

L'amour de ses semblables fait partie de l'amour de soi, tant il y a identité pour notre conservation ; car de notre nature étant des êtres sociaux, le besoin de vivre avec nos semblables est une loi de notre organisation.

Autant l'économie est estimable, autant être intéressé est méprisable : l'économie s'allie avec l'élévation de caractère, la probité, la générosité, la bienfaisance, le jugement ; mais l'intérêt de cupidité naît de l'égoïsme, et il produit l'avarice ou y conduit.

Ne point respecter la vieillesse est en soi une injustice et une ingratitude ; c'est aussi se priver d'une grande consolation pour ses vieux jours.

L'oisiveté n'est la source ordinaire de nos erreurs, de nos fautes, et toujours la cause de nos vices, que parce que, laissant à l'esprit une latitude sans bornes, il tourne alors toute son activité vers ce qui flatte nos passions, ou il tombe en un engourdissement contraire à ce qui demande quelque effort, et le bien veut effort en celui qui s'y porte.

Confier ses peines, c'est les alléger.

Le manque de jugement et de prévoyance est la cause naturelle de l'incertitude dans les actions; et des fautes, des erreurs, des mécomptes, des regrets et du repentir, dans la vie.

L'esprit flatte les passions, les voile et parvient à les faire excuser : les passions trouvent en lui un ami et un auxiliaire. Le jugement, au contraire, les montre à nu, et ne transige point avec elles : il est un censeur et un juge pour les passions.

On peut avoir ses faiblesses, commettre même des fautes; mais il faut être le premier à les reconnaître, à s'en accuser avec franchise, à les réparer avec justice, et éviter d'y retomber.

Les richesses sont comme le temps : on peut les posséder sans en jouir; un bon emploi les fait seul valoir.

Le jugement est la chose la moins indispensable pour la conduite de la vie, soit privée, soit publique : l'esprit ne saurait le suppléer, ni l'instinct en dispenser. Nécessaire pour diriger dans chacune des actions, il est l'instrument universel, propre également à l'adolescence, à la jeunesse, à l'âge mûr, à la vieillesse. Moins prisé cependant que l'esprit, il est la qualité qu'on cherche moins à acquérir et à faire connaître en soi : on préfère être nommé homme d'esprit à être dit homme de jugement.

Le sage ne parle pas vertu à tout propos, il la pratique.

Si les femmes savaient combien la douceur est une arme puissante en leurs mains, elles n'en emploieraient jamais d'autre.

Qui ne sait prendre de lui-même une détermination et a besoin dans chaque occasion de consulter ses amis, est l'enfant qui ne peut faire un pas sans lisières.

Il est bon que le père de famille veille à l'administration de sa famille et qu'il s'occupe des soins domestiques, puisqu'il a l'attribution de ses intérêts, telle confiance que mérite sa femme et qu'il ait en elle; car cette surveillance est un devoir aussi bien qu'un allégement, et elle tient au gouvernement de la famille, au maintien de l'union et à la conservation de la propriété : l'indifférence ou l'orgueil qui fait négliger cette surveillance et ces soins, est un oubli de ses devoirs, dont on est puni par le vide et l'ennui dans son ménage, et trop communément par le dérangement de sa fortune.

En se faisant des idées justes des choses, on s'ôte bien des motifs de chagrins.

Le jugement et la fermeté sont de vrais biens dans le cours de la vie.

La vie dissipée n'est point l'usage de la vie, et encore moins le bonheur. Il est bon de s'habituer jeune à trouver ses jouissances dans la vie domestique, sans quoi c'est laisser un vide sans remède entre le temps où l'âge force à renoncer aux plaisirs et celui où la mort termine l'existence : donc, rien de plus propre à la moralité et au bonheur que le mariage, et les jouissances que donnent une épouse et des enfans; c'est embellir sa vie et couronner de fleurs sa vieillesse.

La conscience est un retranchement inexpugnable : elle rend invulnérable aux coups de la fortune, ainsi qu'aux opinions erronées des hommes ; c'est elle qui donne la fermeté d'âme, et une raison supérieure aux événemens.

La femme qui cesse d'être femme perd tout droit à l'estime.

Ne s'occuper que de bien faire ce qu'on fait, et laisser aux autres le soin de nous louer.

Sans méthode dans ce qu'on fait, on va sans savoir où l'on va.

A quoi servirait la raison si elle ne nous donnait le courage dans le malheur ?

L'ami s'identifie à son ami ; ses peines ou ses plaisirs lui sont personnels, et c'est en cela même que sont la vérité et le charme de l'amitié.

Un bon estomac est le fondement de la santé, la sobriété et la tempérance en sont les instrumens.

Fuir les hommes par esprit chagrin, est s'infliger une peine à soi-même.

Ainsi que la sagesse n'est point à faire consister le bonheur dans son indépendance de ses semblables ou de l'opinion publique, non plus que dans la possession de ce qui peut flatter nos penchans ou nos goûts, la prudence est en ce que notre dépendance, nos penchans et nos goûts aient toujours un but moral.

Vouloir dans sa femme, dans ses enfans, dans son ami, dans ceux qui nous servent ou que nous fréquentons, une constance de caractère et une égalité d'humeur que ne comporte pas la mobilité que les peines et les joies de la vie, les contentemens et les mécomptes, l'état de santé et l'état de maladie donnent alternativement, à notre insu, à notre manière d'être affectés, est injustice, en ce que nous ne sommes pas nous-mêmes toujours d'une humeur égale ; et ignorance, en ce que c'est méconnaître combien notre physique change notre manière d'être morale à chaque instant.

Faire le bien tant qu'on peut, au risque de faire des ingrats.

Il est bon d'être obligeant, mais il ne faut pas prodiguer le nom sacré d'ami.

L'esprit n'est jamais oisif ; il s'attache involontairement à quelque chose qui le captive : raison de plus pour se porter au bien.

Si l'on réfléchissait d'avance aux embarras, aux inquiétudes, aux soucis, aux mécomptes, aux soupçons, aux querelles, aux haines et au repentir qu'on s'apprête en sortant de la ligne du devoir pour suivre ses passions, on craindrait de compromettre son repos et sa réputation pour satisfaire des goûts et des penchans blâmables, et quand rien encore ne peut dédommager de s'y être livré.

Dans la vie il faut faire la part des circonstances, car malgré nous les événemens la feront, et comme nous ne serions point préparés, notre prudence pour le reste serait en défaut.

Il est de la fermeté de caractère de se raidir contre les difficultés et les contrariétés.

Le lendemain ne nous appartient pas, le présent seul est à nous.

Malheur à qui n'a pas une âme forte, car, dans l'adversité ou les grandes infortunes, étant sensible dans tous les points de son être, il n'a pas de secours à attendre de lui-même ! Une âme forte est tout à la fois un secours inépuisable et un asile imprenable.

Il faut plus de vertu pour supporter avec fermeté la fortune que pour lutter avec courage contre l'adversité.

Comme en toute action ou détermination on se propose toujours un but, parce que c'est un besoin pour l'esprit de s'attacher à quelque chose, il n'en est pas de plus louable qu'un travail quelconque, puisque le travail entretient l'esprit dans une heureuse liberté d'agir et de penser, et que l'utile activité dans laquelle il se trouve, fait donner aux passions la direction du bien : les passions n'ont point sans doute perdu leur pouvoir, mais la raison a pris l'habitude de les diriger.

Il faut aimer son ami pour lui-même, toute autre amitié est égoïsme : c'est empoisonner la plus douce des intimités.

Ne se point laisser abattre par l'adversité est prouver qu'on est homme.

Il n'y a que le sage qui médite sans cesse sur ce que les hommes font en bien et en mal, pour en tirer des règles de conduite.

L'homme de bien n'a d'enthousiasme que pour la vertu, qui, en lui, est un sentiment vif, mais raisonné.

L'amour pour l'épouse doit être inséparable de l'estime et de la délicatesse : savoir concilier les désirs de la passion avec ce qu'on doit à la pudeur, et ne jamais les séparer.

La raideur dans le caractère n'est point fermeté d'âme, mais orgueil de l'amour-propre.

Ne craindre que le mal qu'on peut faire.

Les plaisirs de la personne laborieuse sont simples mais vrais, rares mais vifs et sentis ; jamais l'ennui ou le regret ne les trouble, et la satiété n'avertit pas de les suspendre.

La franchise est compagne des grands caractères ; elle est la marque distinctive de la probité, et le cachet de l'élévation des sentimens.

Quand on perd l'estime de soi-même, ou on

tombe dans l'abattement moral ou dans le mépris de toute honte, ce qui est la pire des conditions.

Comme l'or, l'homme est mêlé d'alliage : l'adversité est le creuset où il s'épure et qui le met à sa juste valeur.

On est toujours riche des choses dont on peut se passer, car il y a en cela autant de motifs de l'être que de sagesse à se dire : *Que de choses dont je n'ai pas besoin !* puisque cette modération empêche les peines, les inquiétudes, les tourmens et les regrets de l'envie de la possession.

La prudence et la sagesse doivent toujours diriger dans la conduite de la vie; il faut aussi savoir donner quelquefois à ce que notre ignorance ou notre inattention nous fait improprement nommer hasard, car, presque toujours, les événemens dérangent les calculs les mieux concertés de la prévoyance et de la sagesse, et, autrement, on ne trouverait guère que des mécomptes dans la vie.

Alors même que nous éprouverions un préjudice ou qu'il devrait résulter un tort pour nous à faire notre devoir, nous ne devrions pas balancer à le faire, ni nous repentir de l'avoir fait.

Calculer avec sa conscience et raisonner avec son devoir, c'est être porté à mal faire, et déjà un mal.

Il faut préférer la considération à la célébrité.

Regretter sans cesse le bien qu'on a perdu ou se plaindre d'un mal irrémédiable, c'est manquer de raison et empoisonner le présent.

Le moindre inconvénient des besoins d'opinion est qu'on ne peut jamais les satisfaire, et qu'il reste toujours un vide à remplir.

Quand on cherche les applaudissemens en faisant son devoir, ou lorsqu'on les attend pour l'avoir fait, ce n'est point la moralité qui porte au devoir et qui fait agir.

Le rapport de caractère et d'humeur, la confiance, l'amitié et l'estime sont la vie de l'union conjugale, parce qu'ils ont leur principe dans la similitude de tempérament, et ils déterminent une volonté et des goûts semblables.

Les bonnes actions embellissent la vie et étendent l'existence.

Il n'est point d'infortune qui tienne contre le courage.

La récompense de celui qui oblige est dans son cœur; c'est se priver de récompense que ne la point chercher là.

La probité et la franchise sont inestimables : elles mettent le prix vrai aux qualités, sont l'apanage de la véritable grandeur, et font excuser les imperfections.

Il y a plus loin d'une honnête aisance à la misère qu'à la richesse.

Mettre un frein à ses passions et les diriger vers un but utile à ses semblables, est autant un bien personnel qu'un avantage pour la société.

Le travail est une voie à la vertu.

Le poison de l'ennui mène à l'abattement, état pénible que l'occupation peut prévenir, car il n'y a que l'activité du corps ou d'esprit qui donne le change à l'ennui.

Il faut aimer à cultiver ses amis.

Obliger n'est une jouissance qu'autant que le secours est gratuit, et que le bienfait est un don du cœur.

Subir forcément les événemens n'est point courage, c'est être dominé par la nécessité : le courage est dans le calme qui naît de la fermeté que donne la résignation à supporter ce qu'on ne pouvait empêcher.

Ne jamais se contrefaire, mais se montrer tel qu'on est.

Quand on a lieu de mépriser quelqu'un ou de s'en plaindre, il est mieux de l'oublier, et que le silence soit la seule vengeance.

Voulons-nous être heureux? sachons priser les choses ce qu'elles sont, et ne nous tourmentons pas pour les choses hors de notre portée.

Le véritable ami est plus sensible aux peines de son ami qu'affecté de ses propres peines, et il jouit plus de ce qui lui arrive d'heureux que du moindre changement en bien dans sa propre position.

Je ne sache pas de plaisir au-dessus de celui de faire du bien, ni de satisfaction plus douce que de voir autour de soi des gens contens, qui vous doivent leur bonheur : c'est étendre son existence.

Ne parler que des gens qu'on estime pour leurs qualités morales ou pour leur mérite; car ne pensant pas bien des autres, et son jugement ne pouvant faire loi, il vaut mieux n'en point parler.

C'est parce que le cœur crée ce qu'il désire, qu'il juge faux et est moins habile que la raison.

Le vrai prix des richesses est dans leur échange avec nos besoins et avec les besoins de nos semblables; ce n'est qu'ainsi qu'elles ont de la valeur, car toute autre valeur que nos passions pourraient vouloir leur donner, cette valeur ne serait ni naturelle ni dans l'ordre des choses.

L'étude doit être ce qu'elle est pour l'homme sensé et le sage, un moyen de devenir meilleur.

Se contenter de son lot et se rendre heureux dans sa position est sagesse; aussi est-ce folie d'user sa vie à désirer, et de la perdre sans en avoir joui.

Se croire indépendant des passions ou des hommes est ne considérer que soi, se complaire en son orgueil, et non être sage; ne penser qu'à satisfaire ses désirs, est s'étourdir sur la vie et non être heureux : le bonheur n'est ni dans l'un ni dans l'autre de ces extrêmes, encore moins la sagesse.

Que les désirs soient toujours en harmonie avec l'âge et la condition; les modérer même pour qu'ils n'entraînent point insensiblement malgré soi; ne jamais mettre le bonheur dans les choses d'opinion, qui sont passagères, qu'on ne peut toujours satisfaire, et qui échappent d'un moment à l'autre; ne placer son bonheur que dans les choses qui ont pour principe notre organisation même et en quoi consiste notre sociabilité nécessaire, comme les besoins physiques, la conscience, les affections du cœur, les sentimens moraux; si quelqu'une de ces choses échappe, se résigner, et que la fermeté à en supporter la perte ou la privation laisse la faculté de jouir des autres; enfin ne point oublier qu'on est homme, et que l'adversité et les peines morales sont la pierre de touche de l'humanité.

User des services d'un ami est une preuve d'amitié à lui donner.

La joie est compagne de la médiocrité dans les biens, de la modération dans les désirs, de la simplicité dans les plaisirs.

L'indépendance morale est dans l'indépendance des besoins, et arbitraire des hommes, dans le calme des passions, dans l'amour de la vérité, de la justice et de la liberté.

Point d'impôt plus lourd que la paresse et l'ignorance.

Donner le change, par l'exercice, aux douleurs

physiques et aux affections morales qui proviennent du système nerveux; car le défaut d'action contribue à les augmenter, en occasionant le marasme dans les habitudes du corps et de l'esprit : de là ces spasmes nerveux qui amollissent et dégradent.

Maxime applicable aux affaires domestiques, et même aux affaires publiques : avec le temps ou vient à bout de ses travaux; la persévérance est donc un moyen et une aide.

On peut chercher à s'aider les uns les autres, mais ne compter que sur soi.

Ce serait agir contre l'équité et la bonne foi, ce serait manquer à ses obligations mêmes de ne point garder à sa femme la même fidélité qu'on a droit d'exiger d'elle.

La ruse ne prouve que la faiblesse ou la crainte: aussi est-elle le caractère distinctif des enfans, de l'esclave et des animaux faibles par nature; mais c'est une bassesse en l'homme et en la femme de l'employer.

Faire des dettes est se mettre à la merci de son semblable.

Il ne suffit pas d'avoir l'intention de faire pour entreprendre, et, en tout, c'est se hasarder beaucoup de croire qu'il suffit de quelque connaissance pour faire.

Si l'on ne peut toujours éviter d'éprouver du mépris, tâcher du moins de ne point ressentir de la haine.

La mauvaise fortune est plus dans le cours ordinaire de la vie et plus commune que la bonne : donc s'attendre à la mauvaise fortune, comme chose inévitable, et se tenir tout préparé pour son arrivée, sans quoi on ne peut plus aller et on reste sous le coup.

Rire des travers, des ridicules, des défauts ou des vices des hommes, est orgueil et dureté ; pleurer sur les hommes est faiblesse irréfléchie : il faut les plaindre et les corriger avec douceur.

Passer sa vie dans la société des femmes est aussi pernicieux que l'usage habituel, hors de raison, du vin : cela tue moralement et fait dégénérer physiquement.

Le premier de nos soins après ceux de citoyen est d'assurer le bonheur de la femme qui, en unissant son existence à la nôtre, a droit de nous demander compte de nos efforts pour la rendre heureuse : les soins de l'homme de bien doivent y tendre sans cesse.

Se coucher et se lever de bonne heure ; rester sur son appétit ; ne point le satisfaire par des alimens stimulans ou trop délicats ; prendre journellement de l'exercice dans les lieux aérés ; faire usage du bain ; user sobrement de sa femme et du vin ; ne point se livrer à une étude trop assidue ou à un travail excessif ; entretenir la propreté sur sa personne et ses vêtemens, dans son habitation ; ne point se médicamenter sans nécessité ; ne point écouter ses désirs dans ce qu'ils ont de trop entraînant ; modérer ses penchans et ses passions dans ce qu'ils ont de trop impétueux : premiers conseils d'hygiène pour se conserver en santé physique et morale, et atteindre à la vieillesse.

Considérée comme travail, l'étude a l'avantage de porter au bien, car le travail est le remède contre le vice pour rendre bon et conserver tel. Mais aussi, pour opérer un véritable bien, l'étude a besoin d'être dirigée, c'est-à-dire de n'avoir pour objet que des choses estimables ; sans quoi il en serait d'elle comme de ces occupations malsaines dans certaines professions.

Rechercher les plaisirs les plus simples, les goûts les moins dépendans du caprice ou de l'opinion, et s'y livrer avec l'abandon d'un cœur honnête, c'est sentir les jouissances pures qu'ils procurent.

Reprendre, blâmer, corriger sans aigreur ni ostentation ; louer et approuver sans bassesse ni flatterie.

L'amour, cette passion qui enivre, concentre et fait oublier ce qui n'est pas elle, n'est point le ciment nécessaire de l'union conjugale ; mais il y est besoin de cette sympathie d'affection, de ce penchant d'estime qui fait toujours préférer l'individu de son choix, et n'avoir d'attachement que pour lui.

Ne se point croire supérieur aux autres : ce sentiment de retour sur soi rend indulgent pour les autres.

Donner au malheureux des consolations, si précieuses dans l'infortune, c'est l'encourager à supporter le malheur et à ne point se laisser abattre par l'adversité.

Il n'est d'autre obligation entre mari et femme que de s'aimer et de s'être utiles.

Suivre toujours l'indication de la nature, elle ne nous trompe jamais.

La fausse délicatesse peut provenir de trop de défiance de soi, mais elle prouve toujours un manque de jugement.

C'est le fait des méchans et des sots, de croire ne pouvoir jamais avoir tort.

Le désir des jouissances naît du désir des richesses, et quand l'un et l'autre prévalent sur la modération, leur effet nécessaire est d'altérer la franchise de caractère, de corrompre la probité, d'ôter toute énergie morale, d'énerver l'opinion, et de faire mettre les biens et les jouissances au-dessus de tout.

Le travail est le contre-poison du vice, la cause du bien-être et l'instrument du bonheur.

L'avenir ne nous est point connu, et c'est un véritable bien, car sa connaissance empoisonne-rait le présent, tant nous sommes faibles! A quoi peut donc servir la raison dans la conduite de la vie? A nous tenir préparés aux événemens qui peuvent nous arriver, afin qu'ils ne nous prennent point au dépourvu; c'est en cela que sert la philosophie.

La fortune est la chose la moins stable et la moins sûre; s'attendre donc à la perdre d'un moment à l'autre, et se préparer à supporter sa perte avec courage.

La croyance à la vertu soutient le courage : quand on la perd, on tombe dans l'indifférence pour le bien, et même dans le mépris pour la vertu, pire que le désespoir.

On commet autant de fautes, on fait autant de sottises par fausse honte que par amour-propre, mais la fausse honte sait moins les déguiser.

S'il est une position pénible dans la vie, c'est de n'être pas estimé de sa femme, et pour la femme, de n'avoir point l'estime de son mari.

Il y a plus d'amour-propre à ne pas convenir de ce qu'on vaut qu'à l'avouer franchement; je vois en cela de l'hypocrisie, non de la modestie.

Le bonheur domestique ne dépend pas d'une seule chose, mais il est un composé de plusieurs rapports : une épouse digne de nos affections et de notre estime, des enfans d'un bon caractère, des amis vrais, l'approbation de sa conscience, l'estime publique, la santé, la modération dans les désirs, la médiocrité dans les biens ou un travail d'un lucre modéré, forment le bonheur domestique. C'est dans notre manière de voir ces choses qu'est le bonheur, car le bonheur est proprement en nous, ou plus exactement dans l'opinion que nous nous formons des choses par rapport à nous : il dépend de notre manière de voir et de sentir. Aussi qui possède ces biens ne peut être heureux, s'il ne met à chacun d'eux le prix qu'il vaut intrinsèquement.

S'apitoyer sans cesse sur soi est exciter volontairement sa sensibilité et augmenter son mal; ce manque de jugement et de fermeté vient moins de sensibilité morale que d'un excès d'amour-propre : il énerve le courage et il ôte la force morale.

L'impatience de l'incertitude ne jette dans l'abattement que celui qui manque de courage.

Affecter d'être insensible au plaisir est orgueil, se laisser abattre à la douleur est pusillanimité.

Le sage se sent trop élevé pour haïr ou mépriser.

Fuir l'orgueil de ces faux philosophes qui croiraient se ravaler en étant hommes, et qui n'ont que l'orgueilleuse insensibilité qui rend dur aux maux de ses semblables, et le fait paraître au malheur pour soi-même; que cet égoïsme qui sèche le cœur et ne fait envisager que soi; que cette pédanterie qui fait condamner tous les penchans et tous les plaisirs.

S'abandonner à ses passions, croyant y trouver le bonheur, c'est se précipiter dans un torrent pour y chercher le plaisir du bain.

La mobilité dans les idées donne à l'esprit un vague et une inquiétude qui sont la cause du peu de constance dans les résolutions et du mécontentement dans sa condition ; le jugement, au contraire, donne de la stabilité dans les idées et de la constance au caractère.

N'être ni chagrin, ni flatteur, mais homme.

Il est un âge où il est bon de se repasser et d'être son juge; et si l'on prévoyait qu'un jour on devrait se rendre compte de ce qu'on aurait fait dans sa vie, il en résulterait la crainte de faire ce qu'on aurait à se reprocher, ou la consolation d'être content de soi dans ses vieux jours : deux mobiles qui évitent bien des fautes et des repentirs.

C'est s'estimer soi-même et les autres qu'être franc et sincère envers tous indistinctement.

Les préceptes du sage sont dans sa conduite.

Outre qu'on se doit à la patrie, rien de plus doux que les titres d'époux, de père et de mère.

La perte d'un mari, d'une femme, d'un enfant, d'une mère, d'un père, d'un frère, d'un ami, est une perte réelle, en ce que ce sont de vrais biens qu'on perd et qu'on ne remplace pas; mais, quoique ce soit un bien que le temps allége nos peines, c'est à la philosophie à remplir l'intervalle entre le vide que ces pertes nous laissent et l'adoucissement que le temps y apporte.

Ne vivre que dans le passé, exhaler à tout propos ses regrets et se plaindre sans cesse du présent, c'est prouver qu'on eût dû cesser d'être.

Ce n'est point assez de s'attacher, il faut savoir juger et estimer la femme dont on veut faire sa compagne.

La fausse honte vient toujours d'amour-propre, même lorsque la défiance de soi y porte, ou quand la bêtise en est la cause.

Le repos qui suit le travail procure une jouissance d'autant plus pure qu'elle est le prix de la moralité, et que le travail donne le goût de la simplicité.

Nul ne peut se flatter d'être toujours le même, mais c'est sagesse de s'efforcer que cela soit.

Il n'est pas sensé de se croire heureux parce que la fortune met à même de' satisfaire ses penchans et ses goûts, car les désirs engendrent les désirs, et il y a un terme qu'on ne peut atteindre et que les regrets seuls remplissent.

C'est à la raison à découvrir et à juger les qualités dans une épouse, et au cœur à les apprécier.

Les passions sont dans notre nature : elles sont bonnes, utiles même, quand la raison les dirige et les fait servir à notre bonheur ou à l'utilité de nos semblables ; mais elles sont vicieuses, pernicieuses même, quand nous nous livrons insensément à ce qu'elles nous conseillent. Le premier soin est donc de ne pas s'abandonner sans réflexion à ses penchans, à tout ce qui peut flatter nos goûts et nos désirs, car on commet alors des fautes et on se fait malheureux, soit qu'on ne puisse plus se rendre maître de ses passions, soit que les fautes qu'elles nous font commettre nous attirent le blâme et nous fassent connaître le repentir et les remords.

Qui a le malheur d'être riche est à plaindre, et non à envier.

Si la modicité dans les biens et la modération dans les désirs ne sont pas toujours une voie du bonheur, elles sont du moins un moyen de tranquillité d'esprit, ce qui est un grand bien.

La vanité est la rouille des actions : quand on l'écoute, elle domine ; on n'agit plus que par elle et pour elle ; on ne consulte plus ce qui est bien en soi, mais ce qui flatte l'amour-propre, ce qui plaît à l'orgueil ; et quoiqu'il y ait plus de gens dupes d'eux-mêmes et des autres, plus mécontens de leur condition, plus moralement malheureux par la vanité que par les peines et les maux attachés à notre nature, enfin qui éprouvent plus de mécomptes dans la vie, et tombent plus ordinairement dans la misère par la vanité que par des circonstances hors de la prudence humaine, rien cependant de plus sot et de plus puéril que la vanité.

Le caractère rend plus heureux les mariages que les qualités du corps ou de l'esprit : les premières passent et cessent, les secondes ne charment que par intervalle ; mais le caractère est de tous les momens, et on vit avec le caractère.

Le sage n'est point un être parfait, mais le moins imparfait des hommes.

Les affections du cœur sont une grande consolation dans les peines de la vie ; mais quand elles ajoutent à ces peines, il faut savoir être courageux.

Les peines qu'on verse dans le sein d'un ami s'effacent plus promptement : c'est un fardeau qu'on partage, et duquel les consolations allégent le poids.

Comme le citoyen, le sage est toujours lui en quelque circonstance qu'il se trouve ; modeste dans la prospérité ; il ne se laisse point abattre par l'adversité, par l'injustice ou l'ingratitude des hommes : les hommes et les choses peuvent changer, lui seul ne change jamais.

La morale est la grande pensée dans la conduite de la vie, ainsi que la liberté est la grande affaire dans la vie sociale.

FIN.

INDICATION

DES APHORISMES.

Pages

Aphorisme I. Que le but de la société est le bonheur d'un chacun. 43

Aphor. II. Que le but de l'association politique est
la conservation des droits naturels. 45

Aphor. III. Que les droits de la cité précèdent
ceux du citoyen. 47

Aphor. IV. En quoi consistent les droits de
l'homme en société. . . . . id.

Aphor. V. De l'égalité sociale. 48

Aphor. VI. Ce que sont les distinctions entre les
citoyens. 49

Aphou. VII. De la liberté. . . . . id.

Aphor. VIII. En quoi consiste la liberté. . . . 5o

Aphor. IX. De la sûreté. 5a

Aphor. X. Ce qui constitue la sûreté. . . . . . id.

Aphor. XI. De la propriété. 54

Aphor. XII. Que la personne est une propriété
inaliénable. 55

Aphor. XIII. Que la propriété est inviolable. . . id.

Aphor. XIV. De la garantie sociale. 56

Aphor. XV. Que la résistance à l'oppression est
la conséquence des droits. 57

Aphor. XVI. Les droits engendrent les devoirs. . 59

Aphor. XVII. En quoi consistent les devoirs sociaux. 62

Aphor. XVIII. En quoi consistent les devoirs des
enfans. 63

Pages

Aphor. XIX. En quoi consistent les devoirs des
époux. 63
Aphor. XX. Du caractère des obligations privées. 64
Aphor. XXI. Que tout dommage emporte répa-
ration. . . . . id.
Aphor. XXII. Que la loi est l'expression de la
volonté générale. 65
Aphor. XXIII. Que la loi est égale pour tous. . id.
Aphor. XXIV. Que la loi seule oblige. 66
Aphor. XXV. Que la loi protége. 67
Aphor. XXVI. Que la loi doit ordonner ce qui
est juste, et défendre ce qui est nuisible. . . id.
Aphor. XXVII. Que la loi qui viole les droits
étant tyrannique n'est pas loi. 68
Aphor. XXVIII. Que les lois doivent être clai-
res, précises, uniformes. . . . . id.
Aphor. XXIX. Que les lois doivent être hu-
maines. . . . . id.
Aphor. XXX. Que la loi doit établir l'égalité des
peines. 69
Aphor. XXXI. Que la loi doit reconnaître la personnalité des délits et des peines. . . . . . . id.
Aphor. XXXII. Que la loi ne peut ordonner la
confiscation. 70
Aphor. XXXIII. Que les lois n'ont point d'effet
rétroactif. id.
Aphor. XXXIV. Que le peuple est le principe
de la souveraineté. 71
Aphor. XXXV. Que la souveraineté est une et
indivisible, imprescriptible et inaliénable. . 72
Aphor. XXXVI. Que l'usurpation de la souveraineté doit être punie. . . . . id.
Aphor. XXXVII. Que c'est au peuple à faire la
constitution et à instituer le gouvernement. 73
Aphor. XXXVIII. En quoi la constitution diffère
des lois. . . . . id.
Aphor. XXXIX. Ce qui constitue la bonté de la
constitution. 74
Aphor. XL. Que le peuple a le droit de réformer

Pages

ou de changer sa constitution et le gouvernement. 75

Aphor. XLI. Qu'une convention est nécessaire pour modifier ou changer la constitution. . . 76

Aphor. XLII. Que le recours fréquent aux principes fondamentaux est nécessaire à la liberté. 77

Aphor. XLIII. Que le droit de cité constitue le citoyen. 79

Aphor. XLIV. Que les droits de cité sont égaux. 80

Aphor. XLV. Que tout citoyen est admissible aux fonctions publiques. 81

Aphor. XLVI. Que tout citoyen a droit d'élire aux fonctions publiques. . . . . id.

Aphor. XLVII. Que la bonté des choix fait la stabilité de la chose publique. 82

Aphor. XLVIII. Que les élections doivent être fréquentes. 83

Aphor. XLIX. Que les citoyens ont le droit de s'assembler. 84

Aphor. L. Que le citoyen a droit d'avoir des armes. . . . . id.

Aphor. LI. Le droit de pétition ne peut être interdit ni limité. 85

Aphor. LII. Que l'emploi libre de la personne est de droit de cité. . . . . id.

Aphor. LIII. Que l'emploi libre des facultés est de droit de cité. 86

Aphor. LIV. La détention et l'accusation selon les lois est un droit de cité. 87

Aphor. LV. La liberté de religion et de culte est un droit de cité. 88

Aphor. LVI. Qu'aucun citoyen n'a droit à des avantages que ceux résultant des services. . 89

Aphor. LVII. Que la puissance législative appartient à la législature. 90

Aphor. LVIII. Que la population est la base de la représentation nationale. 91

Pages

Aphor. LIX. Que la qualité de député à la législature est nationale et non de localité. . . . 92

Aphor. LX. Qu'il est nécessaire que la législature s'assemble fréquemment. 93

Aphor. LXI. Que les fonctions législatives sont de deux espèces. 94

Aphor. LXII. Que la législature peut seule suspendre les lois. 96

Aphor. LXIII. Qu'il ne peut être fait de lois qui blessent les droits naturels et civils. 97

Aphor. LXIV. Ce que la législature doit particulièrement établir et surveiller. 98

Aphor. LXV. C'est à la législature à établir les contributions et les monnaies. 100

Aphor. LXVI. C'est à la législature à ordonner la force publique armée. 102

Aphor. LXVII. C'est à la législature à établir les fêtes nationales. 103

Aphor. LXVIII. C'est à la législature à accorder les récompenses publiques. 104

Aphor. LXIX. Que la liberté des délibérations est l'essence de la législature. 105

Aphor. LXX. La division des pouvoirs est nécessaire à l'empire de la loi. . . . . id.

Aphor. LXXI. Que les magistratures émanent du peuple. 106

Aphor. LXXII. Que les fonctions publiques sont temporaires. . . . . id.

Aphor. LXXIII. Que tout magistrat est comptable et responsable. 107

Aphor. LXXIV. Objet de l'établissement du gouvernement. 108

Aphor. LXXV. Que les relations locales forment la commune et sa gestion. 109

Aphor. LXXVI. Que l'administration est le gouvernement de la localité. 111

Aphor. LXXVII. Que l'administration ne doit qu'administrer. . . . . id.

Pages

APHOR. LXXVIII. Que la publicité est un principe en administration. 111

APHOR. LXXIX. Des magistrats judiciaires. . . 112

APHOR. LXXX. Que l'arbitrage est une justice nécessaire. . . . . id.

APHOR. LXXXI. Que le jury civil et le jury criminel sont les garans de la liberté. 113

APHOR. LXXXII. Que les peuples sont indépendans. 114

APHOR. LXXXIII. Du lien naturel entre les peuples. 116

APHOR. LXXXIV. En quoi consiste la morale universelle. . . . . id.

APHOR. LXXXV. Que chaque peuple a droit d'organiser son gouvernement. . . . . id.

APHOR. LXXXVI. Du gouvernement conforme aux droits des peuples. 117

APHOR. LXXXVII. Que chaque peuple est maître de son territoire. 118

APHOR. LXXXVIII. Qu'il faut le consentement du peuple pour être réuni à un autre peuple. . . . . id.

APHOR. LXXXIX. Ce qui est d'un usage inépuisable ou innocent appartient à tous les peuples. 119

APHOR. XC. Comment s'établit le droit de prescription entre les peuples. . . . . id.

APHOR. XCI. Qu'il n'est point pour les peuples des moyens exclusifs de prospérité. 120

APHOR. XCII. Attenter contre un peuple, c'est attenter contre tous. . . . . id.

APHOR. XCIII. Cas où il est permis à un peuple de faire la guerre. . . . . id.

APHOR. XCIV. Par qui la guerre doit être déclarée. 121

APHOR. XCV. Cas où le gouvernement et la force publique peuvent agir d'eux-mêmes. . . . . id.

APHOR. XCVI. De la conduite des armées en pays étranger. 122

Pages

Aphor. XCVII. Que le commandement général
   ne peut être confié à un seul. 122
Aphor. XCVIII. Qu'il faut le consentement du
   corps législatif pour l'introduction d'une
   troupe étrangère sur le territoire. . . . . . *id.*
Aphor. XCIX. Des négociations. 123
Aphor. C. Des traités. . . . . *id.*
Aphor. CI. Des agens publics. . . . . *id.*
Aphor. CII. Des étrangers. . . . . *id.*
Aphor. CIII. De l'asile et du bannissement. . . 124

FIN DE L'INDICATION DES APHORISMES.

TABLE DES MATIÈRES.

L'initiale I désigne l'*Instruction préliminaire*, et l'initiale A les *Aphorismes* et les *Corollaires*.

Administration. Les relations locales forment sa gestion. A. LXXV, page 109. Est le gouvernement de la localité. A. LXXVI, page 111. Ne doit qu'administrer. A. LXXVII, *id*. La publicité en est un principe. A. LXXVIII, *id*.

Agens publics. Indépendans des lois des pays où ils sont envoyés. A. CI, page 123. Il n'existe pas de préséance entre les agens des nations, *idem*.

Arbitrage. Est une justice nécessaire. A. LXXX, page 112.

Asile. A qui est dû asile. A. CIII, page 124.

Association. Est l'ouvrage de l'unanimité. I., page 16.

Association politique. La conservation des droits naturels est son but. A. II, page 45.

Bannissement. Violation du territoire étranger. A. CIII, page 124.

Besoins et moyens. Voyez *Homme*.

Choix. La bonté des choix fait la stabilité de la chose publique. A. XLVII, page 82.

Citoyen. Tout citoyen admissible aux fonctions publiques. A. XLV, page 81. A droit d'élire aux fonctions publiques. A. XLVI, page *id*. A droit d'avoir des armes. A. L, page 84. Aucun n'a droit à des avantages que ceux résultant des services. A. LVI, page 89.

Citoyens. Ont droit de s'assembler. A. xlix, p. 84.

Citoyens passifs, citoyens actifs. Leur différence. I., page 15.

Commandement général. Ne peut être confié à un seul. A. xcvii, page 122.

Consentement général aux lois. Toute loi, devant être obligatoire pour tous, doit être librement convenue, accordée et consentie par tous. I., p. 30.

Constitution. Ce qu'il faut entendre par constitution. I., page 13. C'est au peuple à la faire. A. xxxvii, page 73. En quoi diffère des lois. A. xxxviii, *id.* Ce qui constitue sa bonté. A. xxxix, page 74.

Convention. Est nécessaire pour modifier ou changer la constitution. A. xli, page 76.

Corps législatif. Ne peut faire de lois qui blessent les droits naturels et civils. A. lxiii, page 97. Voy. *Législature.*

Création des pouvoirs publics. Elle est l'ouvrage de la pluralité. I., page 16.

Devoirs. En quoi consistent les devoirs sociaux. A. xvii, page 62. Des enfans. A. xviii, page 63. Des époux. A. xix, page *id.*

Différence entre les droits civils et les droits politiques. I., page 14. Voyez *Citoyens passifs, citoyens actifs.*

Distinctions entre les citoyens. Fondées sur l'utilité commune. A. vi, page 49.

Division des pouvoirs. Nécessaire à l'empire de la loi. A. lxx, page 105.

Dommage. Emporte réparation. A. xxi, page 64.

Droit des Gens. Il est invariable. I., page 36.

Droit naturel et imprescriptible des hommes en société. En quoi consiste. I., page 18.

Droits. En quoi consistent les droits de l'homme en société. A. iv, page 47. Engendrent les devoirs. A. xvi, page 59.

Droits de cité. Précèdent ceux de citoyen. A. iii, page 47. Sont égaux. A. xliv, page 80. L'emploi libre de la personne est de droit de cité. A. lii, page 85. L'emploi libre des facultés est de droit de cité. A. LIII, 86. La détention et l'accusation selon les lois est de cité. A. LIV, page 87. La liberté de religion et de culte est un droit de cité. A. LV, p. 88.

Droits des hommes. Dérivent du but pour lequel l'homme est créé, d'où la *liberté*, l'*égalité*, la *propriété*, la *sûreté*. I., pages 19 et 20.

Égalité des droits. En quoi elle consiste. I., p. 3 et 21.

Égalité sociale. En quoi elle consiste. A. V, p. 48.

Égoïsme national. Est aussi coupable que l'égoïsme individuel. I., page 33.

Élections. Doivent être fréquentes. A. XLVIII, p. 83.

Enfans. Voyez *Devoirs.*

Époux. Voyez *Devoirs.*

Établissement public. Embrasse tous les pouvoirs; il a la faculté de *vouloir* et celle d'*agir*, d'où le pouvoir législatif, qui représente la première, et le pouvoir exécutif, qui représente la seconde de ces deux facultés. I., page 12.

État social, suite du droit naturel. L'ordre social est un complément de l'ordre naturel. I., page 5. (Voyez *Objet de l'union sociale.*) Favorise et augmente la liberté, *idem*, page 6. *Autres avantages de l'état social*, idem, page 9.

Étrangers. Rapports des étrangers avec les pays où ils se trouvent. A. CII, page 123.

Fonction publique. Toute fonction publique est, non une propriété, mais une commission. I., page 17. L'exercice d'une fonction publique est, non pas un droit, mais un devoir, *idem*.

Fonctions publiques. Sont essentiellement temporaires. A. LXXII, page 106.

Garantie sociale. En quoi consiste. A. XIV, page 56.

Gouvernement. Comment et pourquoi établi. I., page 31. Son objet. A. LXXIV, page 108. En quoi conforme aux droits des peuples. A. LXXXVI, page 117.

Guerre. Cas où il est permis à un peuple de faire la guerre. A. XCIII, page 120. Par qui doit être déclarée. A. XCIV, 121. Cas où le gouvernement et la force publique peuvent agir d'eux-mêmes, A.

xcv, page *idem*. Conduite des armées en pays étrangers. A. xcvi, page 122.

Homme. Ses besoins et ses moyens. I, page 1. Comment il les exerce sur la nature, *idem*, page 2. Il peut les exercer sur ses semblables. *Idem.*

Inégalité de moyens. En quoi elle consiste. Ne constitue pas inégalité de droits. I., pages 3 et 4.

Jury. Civil et criminel, garans de la liberté. A. LXXXI, page 113.

Législature. La puissance législative appartient à la législature. A. LVII, page 90. Il est nécessaire qu'elle s'assemble fréquemment. A. LX, page 93. Peut seule suspendre les lois. A. LXII, 96. Ce qu'elle doit particulièrement établir et surveiller. A. LXIV, page 98. C'est à la législature à établir les contributions et les monnaies. A. LXV, page 100. A ordonner la force publique armée. A. LXVI, page 102. A accorder les récompenses publiques. A. LXVIII, page 104. La liberté des délibérations est l'essence de la législature. A. LXIX, page 105.

Liberté. Son étendue. I., page 8. Ses *limites*, idem. *Rapports des engagemens avec la liberté*, idem. *Garantie de la liberté*, idem, page 9 Les lois doivent avoir pour objet de conserver à chacun tout ce en quoi il est libre de droit, *idem*, page 20. Dans les *discours*, dans les *écrits* et dans les *actions*, idem, page 26. De la *pensée*, idem, page 27. Dans les *opinions*, idem. Sa définition. A. VII, page 49. En quoi elle consiste. A. VIII, page 50. Attenter à la liberté d'un peuple, c'est attenter contre tous. A. XCII, page 120.

Liberté des délibérations. Voyez *Législature*.

Loi. Expression de la volonté générale. A. XXII, page 65. Est égale pour tous. A. XXIII, id. Oblige seule. A. XXIV, page 66. Protège. A. XXV, 67. Ne doit ordonner que ce qui est juste, et ne défendre que ce qui est nuisible. A. XXVI, page id. Qui viole les droits, étant tyrannique, n'est pas loi. A. XXVII, 68. Doit établir égalité de peines. A. XXX, page 69. Reconnaître la personnalité des délits et des peines. A. xxxi, *idem*. Ne peut ordonner de confiscation. A. xxxii, page *idem*.

Lois. Doivent être claires, précises, uniformes. A. xxviii, page 68. Humaines. A. xxix, page *idem*. N'ont point d'effet rétroactif. A. xxxiii, page 70.

Magistrat. Est comptable, est responsable. A. lxxiii, page 117.

Magistrats judiciaires. Leurs fonctions. A. lxxix, p. 112.

Magistratures. Émanent du peuple. A. lxxi, p. 106.

Morale politique. Est le droit des gens en pratique. I., page 33.

Morale universelle. En quoi consiste. A. lxxxiv, page 116.

Moyens de prospérité. Il n'en est point d'exclusif pour les peuples. A. xci, page 120.

Moyens publics de la société. Les moyens publics doivent se proportionner aux *fins* de la société. I., page 12.

Nation. Une nation ne peut se réserver exclusivement des moyens de prospérité. I., page 39.

Négociations. Doivent être autorisées par la législature. A. xcix, page 123.

Objet de l'union sociale. Le bonheur des associés est l'objet de l'union sociale, et comment. I., page 5.

Objet des lois ou convention. I., pages 29 et 30.

Obligations privées. Leur caractère. A. xx, p. 64.

Patrie. Nous devons un amour de préférence à la patrie. I., page 33.

Personne. Propriété inaliénable. A. xii, page 55.

Pétition (droit de). Ne peut être interdit ni limité. A. li, p. 85.

Peuple. Principe de la souveraineté. A. xxxiv, p. 71. Que c'est au peuple à faire la constitution et à instituer le gouvernement. A. xxxvii, page 73. Qu'il a le droit de réformer ou de changer sa constitution et le gouvernement. A. xl, page 74. Chaque peuple a droit d'organiser son gouvernement. A. lxxxv, page 116. Est maître de son territoire. A. lxxxvii, page 118. Son consentement nécessaire pour être réuni à un autre peuple. A. lxxxviii, page *id*. Tous les peuples sont égaux. I., page 38. Sont indépendans. A. LXXXII, page 114. Lien naturel entre les peuples. A. LXXXIII, p. 116. Ils deviendront frères. I., page 41.

Politique. Est une branche de la morale universelle. I., page 33.

Population. Base de la représentation nationale. A. LVIII, page 91.

Pouvoir. Tout pouvoir, toute autorité, viennent du peuple. I., page 16.

Pouvoir constituant et pouvoirs constitués. Le pouvoir constituant peut tout pour la constitution, les pouvoirs constitués ne la peuvent changer. I., p. 13 et 14.

Pouvoirs publics. Pourquoi institués. I., page 32.

Préjugés. Il n'est point de préjugés avantageux aux peuples. I., page 38.

Prescription. Comment s'en établit le droit entre les peuples. A. XC, page 119.

Propriété. Ses espèces. I., p. 7. En quoi consiste le droit de propriété. A. XI, page 54. Est inviolable. A. XIII, page 55.

Prospérité. Il n'est point pour les peuples des moyens exclusifs de prospérité. A. XCI, page 120.

Raison. Peut seule ramener les peuples à des principes de justice. I., page 40.

Récompenses publiques. Voyez *Législature.*

Recours. Le recours fréquent aux principes fondamentaux est nécessaire à la liberté. A. XLII, p. 77.

Relations entre les hommes. Deux sortes. I., page 3. *Illégitimes,* idem. *Légitimes,* idem, page 4.

Religion. La liberté de religion et de culte est un droit de cité. A. LV, page 88.

Réparation. Tout dommage emporte réparation. A. XXI, page 64.

Représentation nationale. Voyez *Population.*

Resistance à l'oppression. Est la conséquence des droits. A. XV, page 57.

Respect de la souveraineté des peuples. Devoirs qu'il impose. I., page 40.

Société. Si les hommes font des sacrifices à la société, I., pages 21 à 26. Le bonheur d'un chacun est son but. A. 1, page 43.

Sociétés. Elles conservent entre elles des relations de voisinage et de besoins. I., page 35. Elles ont des rapports possibles, page 36.

Souveraineté Est une et indivisible, imprescriptible et inaliénable. A. xxxv, page 72. Son usurpation doit être punie. A. xxxvi, page *idem.*

Sûreté. Sa définition. A. ix, page 52. Ce qui la constitue. A. x, *idem.*

Traités. Négociés au nom du peuple, et ratifiés par la législature. A. c, page 123. Sont sacrés et inviolables, *idem.*

Troupe étrangère. Il faut le consentement de la législature pour son introduction sur le territoire. A. xcviii, page 122.

Unité de l'intérêt social. L'ordre social suppose *unité* de but et concert de moyens. I., page 15.

Usage. Ce qui est d'un usage inépuisable ou innocent est à tous. I., page 37. Appartient à tous les peuples. A. lxxxix, page 120.

Usurpation. Voyez *Souveraineté.*

Vérité et justice. Sont le besoin de tous les peuples. I., page 39.

Volonté, principe de tout engagement. Est nécessaire pour l'association légitime; l'utilité réciproque en est le but. I., page 4.

FIN DE LA TABLE.

LETTRE

AU POÈTE BÉRANGER.

1831.

Quoique depuis mes études scolastiques je ne me sois occupé que de politique et d'histoire, je n'en suis pas moins resté sensible à la vraie poésie, et je profite de la réimpression de la *Doctrine Sociale*, que je vous adresse, comme à la gloire poétique de notre nouvel âge et à un ami de la liberté, pour vous dire mon jugement sur vos immortelles chansons. Je choisis pour cela la forme du dialogue, qui m'a paru la plus propre à rendre succinctement toute ma pensée. Mon jugement n'est que le denier du pauvre dans la masse commune, mais je vous le donne pièce de bon aloi, parce qu'il n'est que l'expression du même sentiment que j'avais éprouvé à mes lectures de Corneille, de Racine et de La Fontaine, c'est-à-dire de ce qui est complètement beau et réellement bon, conséquemment durable et modèle en tous les temps, quels que soient les changemens dans le goût national. Je voudrais bien que les *Aphorismes de la Doctrine Sociale* fussent sus d'un chacun et populaires comme vos chansons, puisqu'ils seraient devenus des vérités pour l'instruction politique, comme vos chansons sont de-

venues des chants et des souvenirs historiques:
car ce ne sera qu'alors que le sentiment de la dignité humaine et l'esprit d'égalité et de liberté
prévaudront en chacun, et que la monstruosité
politique de la royauté n'affligera plus notre chère
patrie et les nations. Tout y tend inévitablement,
et j'espère le voir avant de mourir; je serais con-
solé de quarante ans d'attente.

Horace. — Bonjour, grand poète! quoique
Horace soit justement jaloux que vos chansons lui
ôtent la supériorité lyrique dont il jouissait depuis les Grecs, ce à quoi aucun Français n'avait
réussi jusqu'à vous, je désirais vivement de vous
voir. Il n'est pas un de vos contemporains, venu
ici-bas depuis une vingtaine d'années, qui ne
parle de vous et qui ne sache vos chansons.

Béranger. — En quoi le célèbre Horace pour-
rait-il être jaloux? Vos odes font, depuis des
siècles, les délices des gens de goût, et elles ont
formé bien des poètes. Elles sont les tableaux d'un
peintre heureusement né et façonné à une bonne
école, quand je n'eus d'autre maître que mes inspirations.

Horace. — C'est pour cela même qu'en voulant
ne faire que des chansons vous fîtes des odes,
qui sont d'autant plus parfaites que vous n'écou-
tiez que votre génie, et que votre pensée n'était
pas préoccupée par l'art. Comme vos poètes Corneille, Racine et La Fontaine, vous vous êtes
élevé de toute la hauteur de votre vol au-dessus
de ceux qui avaient tenté les premiers essais, et
votre génie laissera loin de vous aussi ceux qui se
hasarderont à vous imiter. Vous avez créé l'ode
historique, que les Français ne connaissaient pas,

et vous avez doté le genre lyrique dans tous ses modes, du caractère qui lui manquait depuis les Grecs, et que je ne lui avais pas conservé, même dans le petit nombre de modes dans lequel je l'ai circonscrit. Votre âme était passionnée ainsi que votre génie était flexible, et vous avez su donner à l'ode une élévation, un sentiment et une variété que, par caractère, je n'avais pu soupçonner, et, en cela encore, vous m'avez vaincu. Simple, naïf, tendre, gracieux, pathétique, sublime et toujours naturel, vous excellez dans tous les tons, soit que vous émouviez par le sentiment, soit que vous rappeliez un grand souvenir ou que vous attendrissiez sur une grande infortune, soit que vous peigniez par la satire ou que vous intéressiez aux événemens de votre vie. Toujours pur, vous charmez harmonieusement l'oreille la plus délicate et vous satisfaites le goût le plus sévère ; vos vers ont une douceur qui pénètre, et vos odes exhalent ce parfum exquis de la poésie grecque. Vous avez même créé les rhythmes dont vous vous êtes servi, et ils sont les plus heureux et les mieux appropriés à l'esprit poétique de votre langue. Chacun de vos petits poèmes est, dans son sujet, un drame complet et un tableau achevé. En un mot, il suffit de vous avoir lu une fois pour ne plus vous oublier, et aimer à vous redire : cela tient à ce que l'admiration que vous inspirez est une surprise de sentiment qui satisfait tout à la fois l'âme et l'esprit.

BÉRANGER. — En vérité, illustre Horace, vous me donneriez de l'orgueil, si je ne savais que vos louanges ne peuvent ôter à la juste réputation dont vous jouissez : Horace sera toujours le poète de ceux qui aiment qu'on les fasse penser et qui se plaisent à la belle poésie et au fini de l'art. Il est vrai que le plus grand nombre des sujets que vous avez traités sont, depuis les Romains, étrangers à l'histoire et aux mœurs de l'Europe, mais l'art avec lequel ils le sont est de tous les temps : un jour on en dira de même de beaucoup de mes chansons.

HORACE. — Vous avez pris vos inspirations dans votre époque, et comme elle était celle d'un peuple marchant à la liberté, vos poèmes resteront dans la mémoire des hommes, parce qu'ils seront des souvenirs historiques, outre votre art, qui est supérieur au mien. Voilà comment, même dans les sujets qui y sont étrangers, vos chansons sont devenues des chants populaires, et ce qui vous a fait nommer le poète national par la France reconnaissante. Disciple d'Épicure par tempérament, on ne trouve toujours dans mes odes que l'éloge des plaisirs de l'amour ou d'un bon festin, car je n'ai jamais chanté que la vie molle et égoïste d'une insouciante indépendance, lorsque, courtisan par caractère, je ne flattais pas Auguste, qui était le maître, et son ministre Mécène, qui était mon ami : j'y trouvais à satisfaire mes goûts et à m'attacher la fortune tout en conservant ma paresse; aussi je ne m'inquiétai guère de la misère et de la servitude des Romains. Ne pas porter ombrage au pouvoir, passer doucement mes jours dans l'abondance et la faveur a été l'affaire de toute ma vie, et mes odes ont porté l'empreinte de mes penchans et de mon caractère. Les vôtres, au contraire, marquent un esprit libre, fier, indépendant de la fortune, des emplois ou de la faveur, un citoyen affligé des maux de sa patrie, et, dans les sujets même qui vous sont personnels, un véritable philosophe : aussi vos chansons sont des odes populaires sans cesser de faire les délices des esprits les plus délicats. O Béranger ! il vous restera à jamais ce qui fait le vrai poète, d'avoir tout dû à la nature, lorsque l'éducation que j'avais reçue avait développé en moi le germe du talent que la nature y avait mis : vous dûtes tout à vous seul, et combien je dus à l'étude des Grecs, chez lesquels j'avais des modèles qui me guidèrent et me soutinrent! Tout en vous accordant donc que notre époque et notre situation ont fait la différence de notre génie, comme vous avez eu aussi l'avantage d'un génie plus flexible et plus étendu que le mien, vous vous êtes élevé à une hauteur de gloire où je ne pouvais atteindre.

BÉRANGER. — Vos odes sont, il est vrai, consacrées à louer Mécène et Auguste, ou à chanter une maîtresse, le vin, les festins, la campagne et les jouissances des riches; mais vous y avez mêlé des pensées philosophiques.

HORACE. — Je serais tenté de prendre votre éloge pour une épigramme, si je ne connaissais votre bonhomie. Est-ce au poète qui brille par l'élévation ou la profondeur de la pensée philosophique, à louer la philosophie vulgaire et quelquefois fausse d'Horace? Si j'ai mis quelque grain de philosophie dans mes odes, c'était comme assaisonnement à mon sujet, quand ce n'était pas par amour-propre de briller; et non comme vous, pour frapper l'esprit d'une grande vérité ou pour réveiller dans l'âme quelque sentiment généreux : aussi, outre que la philosophie n'est chez moi qu'un accessoire, tandis que chez vous elle est la toile sur laquelle vous ordonnez vos sujets, ma philosophie n'est que celle des gens du monde et des heureux, quoique les érudits de tous les pays m'en aient beaucoup loué. O Béranger! dans mes vers la philosophie fut l'expression de la perte de la passion de la liberté chez les Romains, et mes poésies sont restées l'esprit de Rome à l'époque où je vécus; tandis que vos chansons, pleines d'un libre avenir, en flétrissant le présent, resteront la patriotique expression du souvenir des Français pour la liberté.

BÉRANGER. — Si la variété de vos sujets n'est point étendue, vous êtes toujours neuf dans l'exposition du même tableau.

HORACE.—Chez vous quelle galerie de tableaux, depuis le genre simple jusqu'au genre sublime, et dont chacun est une composition parfaite d'ordonnance, de dessin et de coloris! O Béranger! par les sujets de vos poèmes, et par la perfection que vous leur avez donnée, vous serez dans l'avenir la première gloire poétique de vos temps modernes comme Corneille le fut de vos temps anciens.

BÉRANGER.—La différence des époques dans nos patries a fait la différence de l'esprit de nos poèmes. Vous viviez au temps où Rome ayant perdu le sentiment de la liberté, s'était déjà servilement accoutumée au joug d'un maître, et j'ai vécu alors que l'esprit d'une grande révolution, entravé durant quatorze ans par l'ascendant du génie de l'homme le plus extraordinaire qui ait jamais été, avait repris son ressort et tendait à la liberté, lorsque les fautes de cet homme eurent facilité le retour du reste de la famille de nos anciens rois. Sous le règne d'Auguste, tout menait Rome à la servitude par la servilité depuis César ; de mon temps, il ne fallait que rappeler aux Français les grands souvenirs de leurs annales nationales ou attaquer par le ridicule une monarchie sans racine. Mon mérite sera d'avoir senti ce qu'exigeait l'esprit nouveau imprimé à la pensée.

HORACE. Je vous dirai à mon tour que vous me donneriez de l'orgueil par la manière délicate dont vous excusez votre supériorité. Horace aime mieux vous céder de bonne grâce une place que la postérité vous donnerait malgré lui. Mais allons trouver dans ce bois de lauriers et de myrtes Corneille, Racine et La Fontaine : ils vous ont nommé leur successeur, et leur société vous dédommagera de l'humeur envieuse du poète Rousseau et de Voltaire, qui ne peuvent vous pardonner de les faire oublier.

BONNIN.

FIN.

règne d'Auguste, tout présent Rome à la servitude où la servilité depuis Chéry de cela temps. Il ne fallait que rappeler aux Français les grandes souvenirs de leurs annales nationales en attaquer par ridicule une monarchie sans racine. D'où mérite ... avoir senti ce qu'exigeait l'esprit nouveau imprimé à la pensée.

Transcrire je vous dirai à bien tous que vous me donnerez de l'orgueil par la manière délicate dont vous excusez votre supériorité. Horace aime mieux vous voir de bonne grâce une place que la pos-tente vous dispégeât malgré lui. Mais allons trouver ces trois de Fontaine, ils vous ont ... leur successeur, et leur société vous dé-... de l'illustre envié du poète Horace ... Voltaire, qui ne pourront vous pardonner de les faire oublier.

ERRATA.

Page 83, ligne 20 de la note, au lieu de par cantons ou par communes, *lisez* par départemens et par communes,... et, à la fin de la note : J'ai posé ces deux bases naturelles de la division territoriale dans mes *Principes d'adminis-tration.*

Page 111, note, aphorismes LXX, LXXI et LXXII, *lisez* LXXI, LXXII et LXXXIII, appliqués ici comme principes généraux.

Page 117, ligne première de la note, *lisez* personnel relatif.

SOUS PRESSE.

La Religion, sous le rapport philosophique et poli-tique; 1 vol. in-18, qui paraîtra par livraisons de 3 feuilles : écrit inédit, composé en 1822 à l'occasion de ma con-damnation.

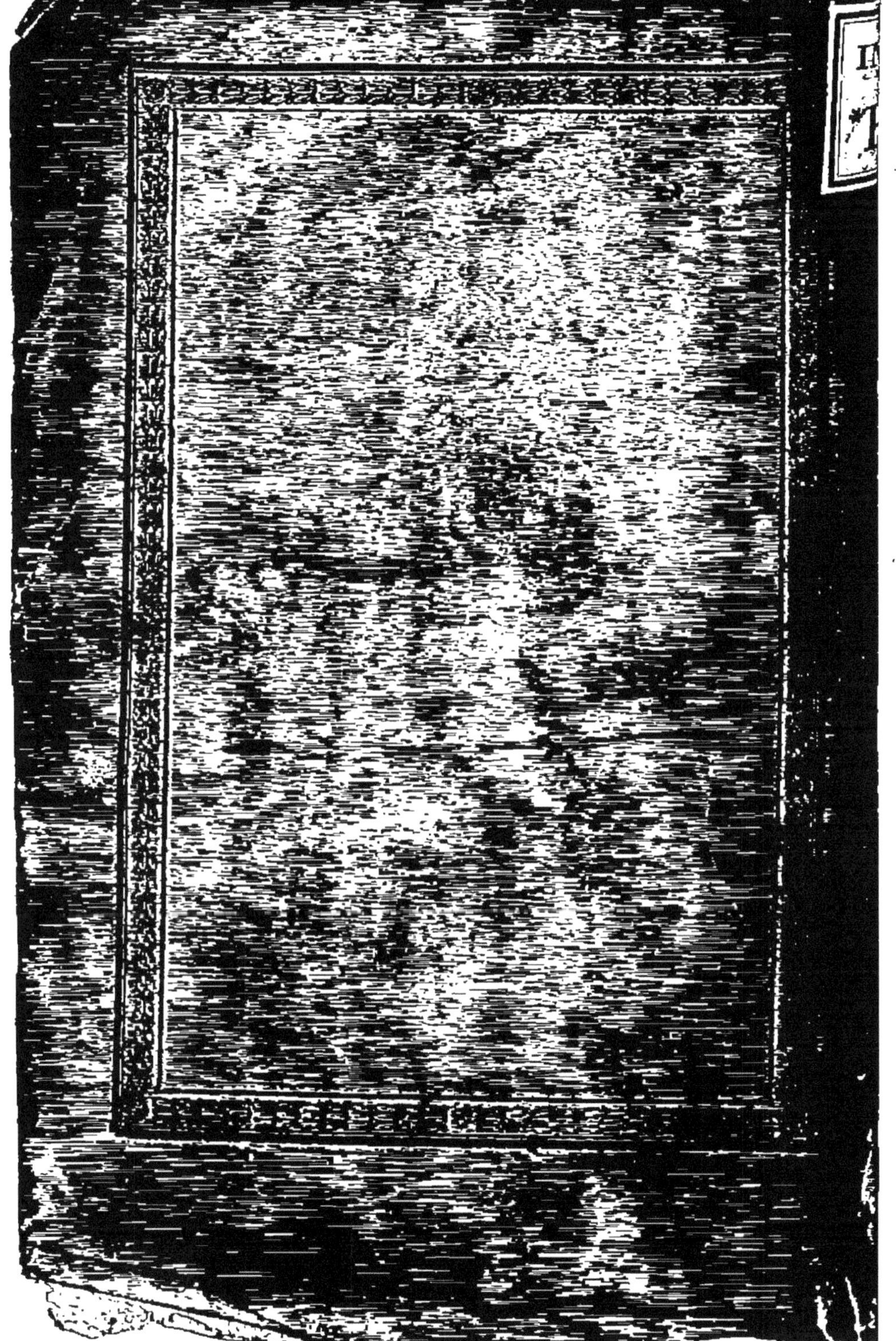